Anne Frank

Eine Dokumentation ihres Lebens
und ihrer Zeit

Anne Frank

Eine Dokumentation ihres Lebens
und ihrer Zeit

Ravensburger Buchverlag

Das Buch wurde vom Anne Frank Haus, Amsterdam, zusammengestellt und 1985 unter dem Titel „De Wereld van Anne Frank 1929–1945" veröffentlicht. Es war das Begleitbuch zu einer Ausstellung, die seit 1985 in über 50 Ländern von über 10 Millionen Besuchern besucht worden war.

Bildrecherche und Text der ersten Ausgabe: Dienke Hondius, Joke Kniesmeijer, Bauco T. van der Wal
Bildrecherche und Text der überarbeiteten Ausgabe: Dienke Hondius, Eddie Marsmann, Yt Stoker, Rene Blekman
Umschlaggestaltung: Sophie Klerk

Wir danken dem S. Fischer Verlag Frankfurt für die freundliche Abdruckgenehmigung der Auszüge aus: Anne Frank Tagebuch, 11. Juli 1942, 21. August 1942, 24. Dezember 1943, 11. April 1944. Einzig autorisierte und ergänzte Fassung Otto H. Frank und Mirjam Pressler. © 1991 by ANNE FRANK-Fonds, Basel. Alle Rechte vorbehalten. S. Fischer Verlag GmbH, Frankfurt am Main

3 2   04 03 02

Titel der Originalausgabe: The World of Anne Frank
© 2001 by Macmillan Children's Books, London
All rights reserved

Deutsche Ausgabe
Übersetzung aus dem Englischen: Eva Schweikart
Fachberatung: Prof. Edgar Walter
Redaktion: Sabine Zürn
Printed in Germany
ISBN 3-473-35867-3
www.ravensburger.de

Inhalt

Aus dem „Anne Frank Tagebuch"

Zu ihrem 13. Geburtstag am 12. Juni 1942 erhält Anne Frank ein neues Tagebuch, nur wenige Wochen, bevor die jüdische Familie Frank in ihrem Versteck im Hinterhaus des Gebäudes Prinsengracht 263 in Amsterdam untertauchen muss. In ihrem Tagebuch schreibt Anne Frank über das tägliche Leben im beengten Versteck, das die Familie Frank mit vier weiteren Juden teilt. Sie erzählt aber auch von ihren Ängsten und Hoffnungen, von ihren Gefühlen und Wünschen an das Leben.

Als am 11. April 1944 in das Lager in ihrem Versteck eingebrochen wird, müssen die Untergetauchten befürchten, dass ihnen die Polizei auf die Spur kommt, doch sie bleiben unentdeckt.

Dienstag, 11. April 1944

Liebe Kitty!
Wir sind sehr stark daran erinnert worden, dass wir gefesselte Juden sind, gefesselt an einen Fleck, ohne Rechte, aber mit tausenden von Pflichten. Wir Juden dürfen nicht unseren Gefühlen folgen, müssen mutig und stark sein, müssen alle Beschwerlichkeiten auf uns nehmen und nicht murren, müssen tun, was in unserer Macht liegt, und auf Gott vertrauen. Einmal wird dieser schreckliche Krieg doch vorbeigehen, einmal werden wir doch wieder Menschen und nicht nur Juden sein!
Wer hat uns das auferlegt? Wer hat uns Juden zu einer Ausnahme unter allen Völkern gemacht? Wer hat uns bis jetzt so leiden lassen? Es ist Gott, der uns so gemacht hat, aber es wird auch Gott

sein, der uns aufrichtet. Wenn wir all dieses Leid ertragen und noch immer Juden übrig bleiben, werden sie einmal von Verdammten zu Vorbildern werden. Wer weiß, vielleicht wird es noch unser Glaube sein, der die Welt und damit alle Völker das Gute lehrt, und dafür, dafür allein müssen wir auch leiden. Wir können niemals nur Niederländer oder nur Engländer oder was auch immer werden, wir müssen daneben immer Juden bleiben. Aber wir wollen es auch bleiben.
Seid mutig! Wir wollen uns unserer Aufgabe bewusst bleiben und nicht murren, es wird einen Ausweg geben. Gott hat unser Volk nie im Stich gelassen, durch alle Jahrhunderte hindurch sind Juden am Leben geblieben, durch alle Jahrhunderte hindurch sind sie auch stark geworden. Die Schwachen fallen, aber die Starken bleiben übrig und werden nicht untergehen!

In dieser Nacht dachte ich eigentlich, dass ich sterben müsste. Ich wartete auf die Polizei, ich war bereit, bereit wie ein Soldat auf dem Schlachtfeld. Ich wollte mich gern opfern für das Vaterland. Aber nun, da ich gerettet bin, ist es mein erster Wunsch für nach dem Krieg, dass ich Niederländerin werde. Ich liebe die Niederländer, ich liebe unser Land, ich liebe die Sprache und will hier arbeiten. Und wenn ich an die Königin selbst schreiben muss, ich werde nicht aufgeben, bevor mein Ziel erreicht ist.
Ich werde immer unabhängiger von meinen Eltern. So jung ich bin, habe ich mehr Lebensmut, ein sichereres Rechtsgefühl als Mutter. Ich weiß, was ich will, habe ein Ziel, habe eine eigene Meinung, habe einen Glauben und eine Liebe. Lasst mich ich selbst sein, dann bin ich zufrieden! Ich weiß, dass ich eine Frau bin, eine Frau mit innerer Stärke und viel Mut!

Wenn Gott mich am Leben lässt, werde ich mehr erreichen, als Mutter je erreicht hat. Ich werde nicht unbedeutend bleiben, ich werde in der Welt und für die Welt arbeiten.
Und nun weiß ich, dass Mut und Fröhlichkeit das Wichtigste sind.

Deine Anne M. Frank

Anne Frank und ihre Familie werden am 4. August 1944 verraten und in das Konzentrationslager Auschwitz verschleppt. Als einziger Überlebender kehrt Otto Frank, der Vater, nach der Befreiung nach Amsterdam zurück. Dort erhält er das Tagebuch seiner Tochter, das eine seiner Mitarbeiterinnen versteckt hatte.

Das Tagebuch wurde 1950 zum ersten Mal in einer deutschen Übersetzung veröffentlicht. 1986 erschien eine vollständige textkritische Ausgabe, eine durch den Anne-Frank-Fonds in Basel autorisierte Fassung folgte 1991. Im August 1998 gelangten fünf bisher unbekannte Seiten aus Anne Franks Tagebuch an die Öffentlichkeit, die Otto Frank nicht zur Publikation freigegeben hatte. Diese neue Fassung wurde 2001 veröffentlicht.

Die Familie Frank

Schon im 17. Jahrhundert waren Vorfahren Anne Franks in Frankfurt am Main ansässig. Annes Vater, Otto Frank, wird am 12. Mai 1889 im Westend, einem vornehmen Frankfurter Stadtteil, geboren. Er besucht das Gymnasium und studiert danach kurze Zeit Kunstgeschichte an der Universität Heidelberg. Durch Vermittlung eines Freundes wird ihm eine Stelle in Amerika angeboten; er nimmt die Chance wahr und arbeitet von 1908 bis 1909 für die Kaufhauskette Macy's in New York. Nach dem Tod seines Vaters, der in Frankfurt ein Bankhaus besitzt, lässt Otto Frank sich wieder in Deutschland nieder und ist bis 1914 für einen Metall verarbeitenden Betrieb in Düsseldorf tätig.

Im Ersten Weltkrieg dient Otto Frank im deutschen Heer, wo er es zum Rang eines Leutnants bringt. Nach Kriegsende tritt er in die Bank seines verstorbenen Vaters ein, die jedoch mit der schlechten Wirtschaftslage zu kämpfen hat. Etwa zu dieser Zeit lernt er seine künftige Frau kennen: Edith Holländer, Jahrgang 1900, ist als Tochter eines Kaufmanns in Aachen aufgewachsen. Dort heiraten die beiden 1925 und lassen sich dann in Frankfurt nieder. Ihre erste Tochter, Margot Betty, wird am 16. Februar 1926 geboren, die zweite Tochter, Anne (eigentlich Annelies Marie), kommt am 12. Juni 1929 zur Welt.

1

1 Familienbild um 1900: Otto Frank ist der dritte von links in der ersten Reihe (er trägt einen Matrosenanzug).

2 Otto Frank (rechts) und sein Bruder Robert als Soldaten im deutschen Heer (1916).

3 Edith Holländer

4 Edith und Otto Frank während ihrer Hochzeitsreise in San Remo an der italienischen Riviera (1925)

Als begeisterter Amateurfotograf macht Otto Frank zahlreiche Aufnahmen von Margot und Anne – beim Spielen mit Freundinnen, bei Besuchen bei den Großeltern in Aachen oder bei Ausflügen aufs Land.

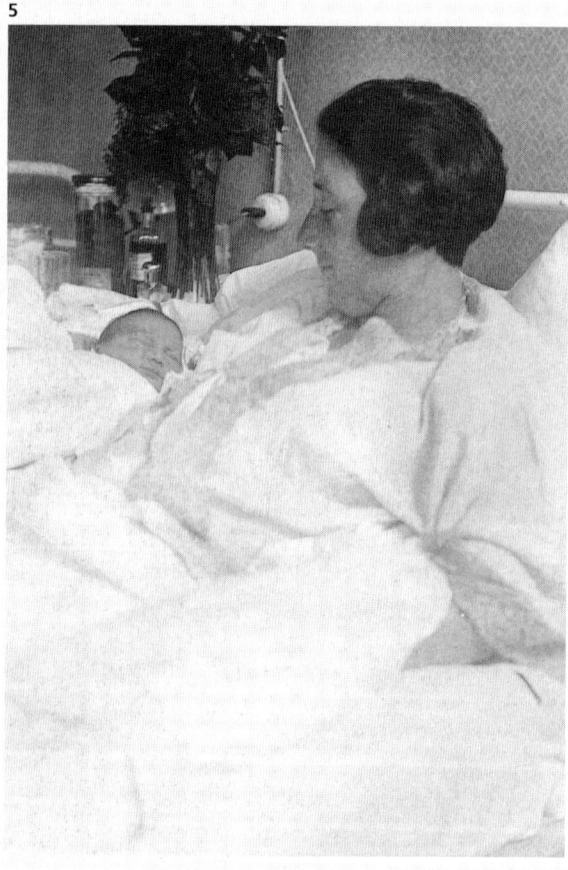

5 Edith Frank mit ihrer Tochter Anne, einen Tag nach der Geburt (13. Juni 1929)

6 Margot bewundert ihr neues Schwesterchen (Juli 1929).

7 Margot und Anne

8 Anne mit ihrer Mutter am Sandkasten vor ihrer Wohnung in der Ganghoferstraße in Frankfurt (1931)

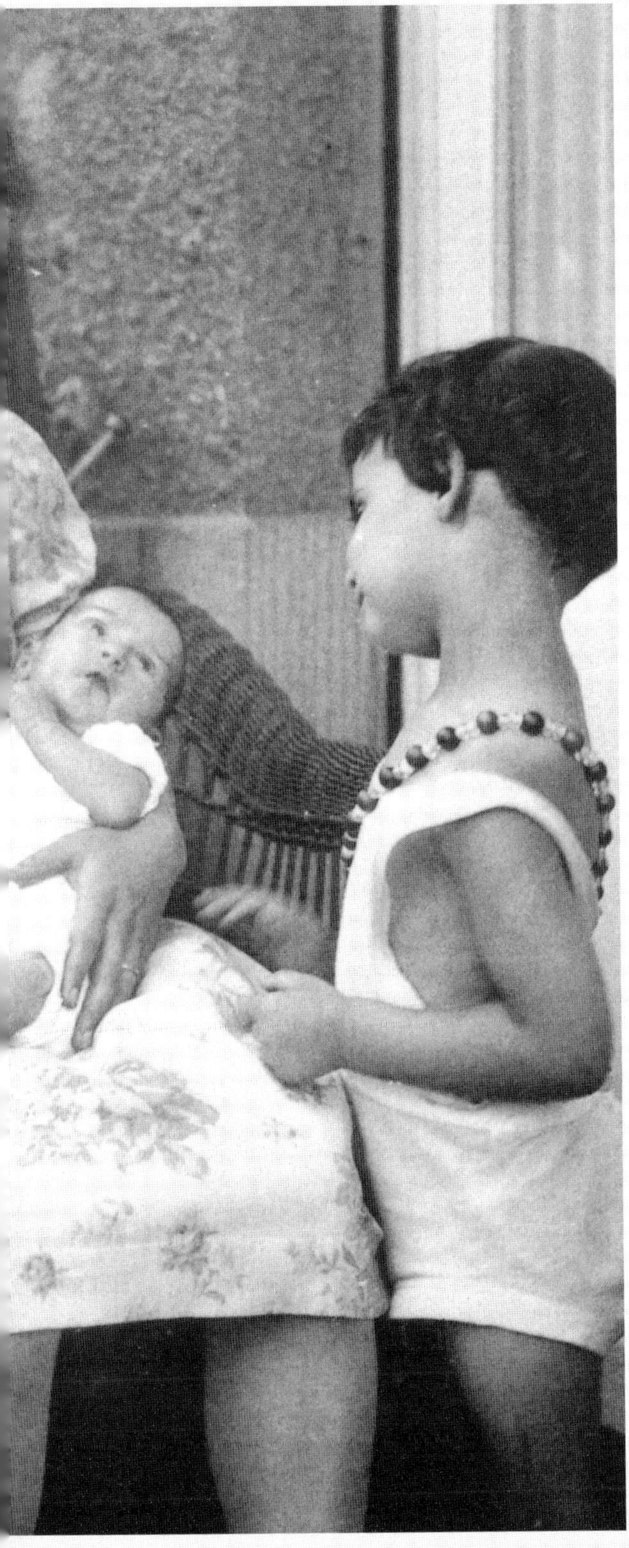

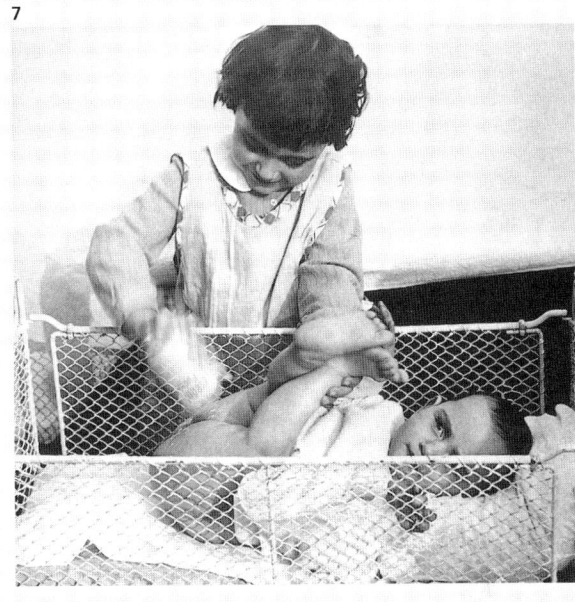

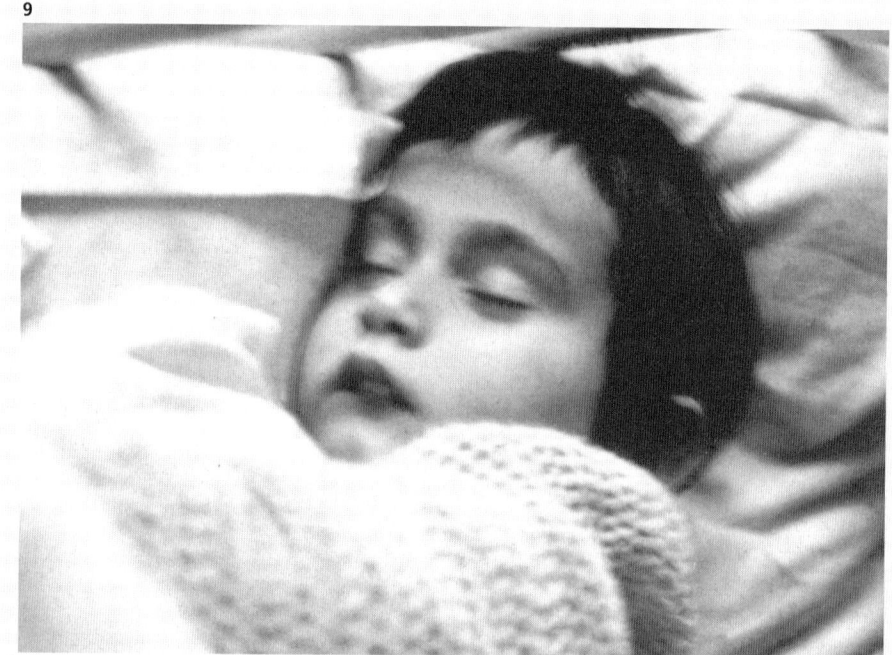

9 Anne

10 Margot und Anne mit ihrem Vater (1930)

11 Anne und Margot

12 Edith Frank mit Anne und Margot in der Nähe der Hauptwache in der Frankfurter Innenstadt (1933)

13 Anne (1932)

11

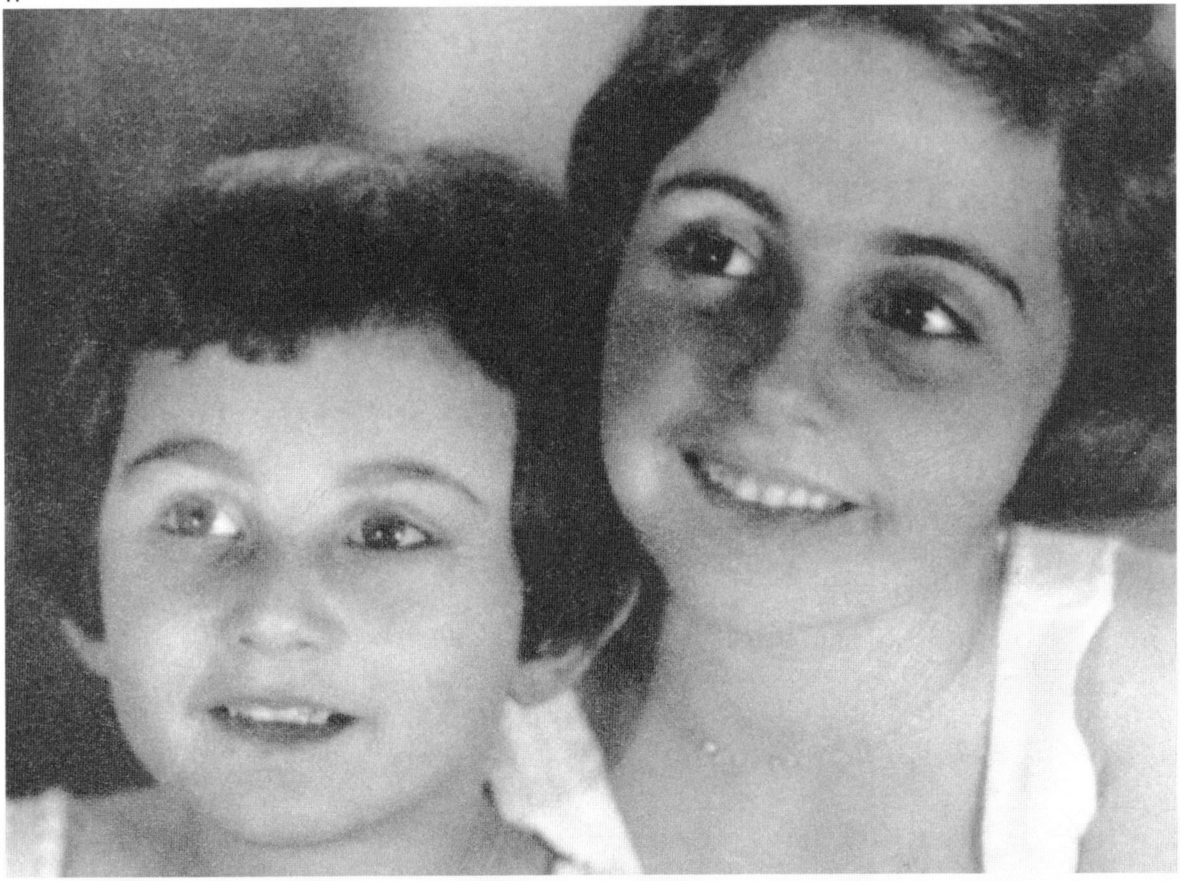

12

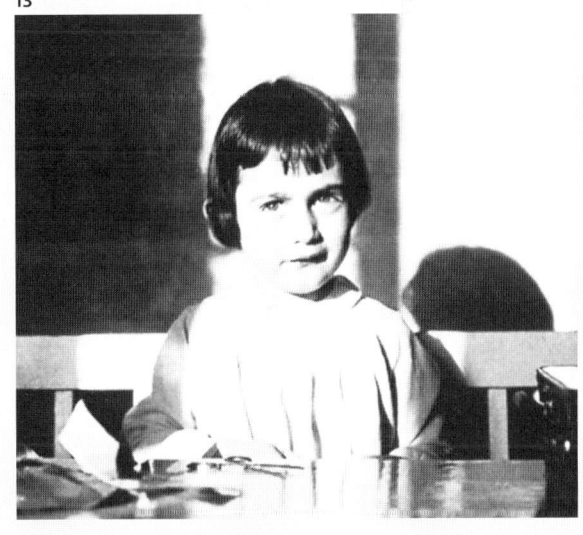

13

Frankfurt am Main in den 20er-Jahren des 20. Jahrhunderts

Frankfurt am Main ist seit dem Mittelalter ein bedeutendes Handels- und Finanzzentrum. Östlich und westlich der Stadt waren im ausgehenden 19. Jahrhundert neue Industriegebiete entstanden. Am Ende des Ersten Weltkriegs ist Frankfurt durch Eingemeindungen umliegender Dörfer so stark gewachsen, dass es flächenmäßig als größte deutsche Stadt gilt.

1929, in Annes Geburtsjahr, leben dort rund 540 000 Menschen. Frankfurt ist eine Stadt mit regem Wirtschafts-, Gesellschafts- und Kulturleben. Das Geistesleben und die Politik der Zeit sind von demokratischem und liberalem Denken geprägt. Regiert wird die Stadt von einer Koalition aus sozialdemokratischen, liberalen und christlichen Parteien.

14

14 Frankfurt, vom Main aus gesehen (um 1932). Der Kirchturm links gehört zum Dom.

15 Eine Straße in einem heruntergekommenen Innenstadtviertel (1924)

16 In den 20er-Jahren entstehen moderne Wohnsiedlungen mit Spielplätzen und neuen Schulgebäuden (Foto um 1930).

Deutschland zwischen 1920 und 1930 – eine Zeit politischer und wirtschaftlicher Krisen

Der Niederlage im Ersten Weltkrieg und dem Versailler Vertrag folgt in Deutschland ein Jahrzehnt wirtschaftlicher Unsicherheit und steigender Inflation. Als 1929 die Weltwirtschaftskrise ausbricht, verhärten sich die bereits bestehenden sozialen und politischen Gegensätze in Deutschland.

Die Nationalversammlung – das Parlament – der demokratischen Weimarer Republik wird der Situation nicht Herr, sodass hauptsächlich die Arbeiterbewegung den politischen Kampf gegen aufkommende rechtsextreme Gruppierungen führt. Dazu zählt auch die von Adolf Hitler am 1. April 1920 gegründete Nationalsozialistische Deutsche Arbeiterpartei (NSDAP).

Zwischen 1929 und 1932 geht die industrielle Produktion in Frankfurt um 65 Prozent zurück. Als Folge davon sind Ende 1932 über 70 000 Personen arbeitslos und ein Viertel der Einwohner Frankfurts hat kein regelmäßiges Einkommen mehr.

17

18

17 Auch in Frankfurt gewinnen die Nationalsozialisten in den 20er-Jahren zunehmend an Einfluss. 1925 marschiert der „Stahlhelm" auf, eine republikfeindliche rechtsgerichtete Vereinigung von Frontsoldaten des Ersten Weltkriegs.

18 Für Arbeitslose werden Suppenküchen eingerichtet, u. a. in der Frankfurter Friedrich-Ebert-Siedlung (1932).

19 Die „Eiserne Front", eine 1931 gegründete Vereinigung linksgerichteter Organisationen, protestiert gegen die Nazis.

Jüdisches Leben in Frankfurt

1929 leben etwa 30 000 Juden in Frankfurt, das entspricht 5,5 Prozent der Einwohnerschaft. Damit hat Frankfurt nach Berlin die zweitgrößte jüdische Gemeinde Deutschlands, deren Ursprünge bis ins Mittelalter zurückreichen. Den Juden waren volle Bürgerrechte zuerkannt worden, sodass sie nicht mehr gezwungen waren, in Gettos (abgeschlossenen Straßenzügen oder abgeriegelten Wohnvierteln) zu leben.

Sie nehmen am gesellschaftlichen und kulturellen Leben teil. Insbesondere in Frankfurt sind jüdische Stiftungen wichtig für die Stadtentwicklung.

Frankfurt gilt zu Beginn des 20. Jahrhunderts als eine überwiegend tolerante Stadt. Den jüdischen Bürgern steht es frei, ob sie ihre traditionelle, von religiösen Riten des Judentums geprägte Lebensweise pflegen oder sich assimilieren wollen.

20

22

21

20 1882 wurde am Börneplatz neben einem großen Markt eine Synagoge erbaut (Foto von 1927).

21 Das Getto „Judengasse" in Frankfurt um 1872. Damals wurde die Straße abends noch abgesperrt und Nichtjuden war der Zutritt verboten.

22 Ein Schild im Hotel „Kölner Hof" nahe dem Frankfurter Hauptbahnhof gibt jüdischen Gästen zu verstehen, dass sie nicht willkommen sind (1905).

Die Nationalsozialisten auf dem Weg zur Macht

Die Wirtschaftskrise prägt den Beginn der 30er-Jahre in Deutschland. Arbeiter werden entlassen, Handwerker und Gewerbetreibende stehen vor dem Nichts, Bauern müssen ihre Höfe aufgeben und Sparer verlieren ihr Geld. Die NSDAP macht sich diese verzweifelte Situation geschickt zu Nutze. Die Partei erhält immer mehr Zulauf. Faschistische Bewegungen streben die absolute Macht an. Um dies zu erreichen, nutzen sie „demokratische" Möglichkeiten, indem sie um möglichst viele Stimmen ihrer Anhänger werben.

Für die Schwierigkeiten in Deutschland macht Hitler nicht nur die seiner Ansicht nach schwache Regierung verantwortlich. Wie auch heute einige politische Gruppierungen die Schuld an gesellschaftlichen Problemen auf bestimmte Gruppen schieben, gibt Hitler den Juden die Schuld.

23 Arbeitslose in Berlin (1932)

24 Adolf Hitler (rechts, sitzend, mit Schnurrbart) als Frontsoldat im Ersten Weltkrieg

25 Wahlkampagne der Nationalsozialisten

23

24

25

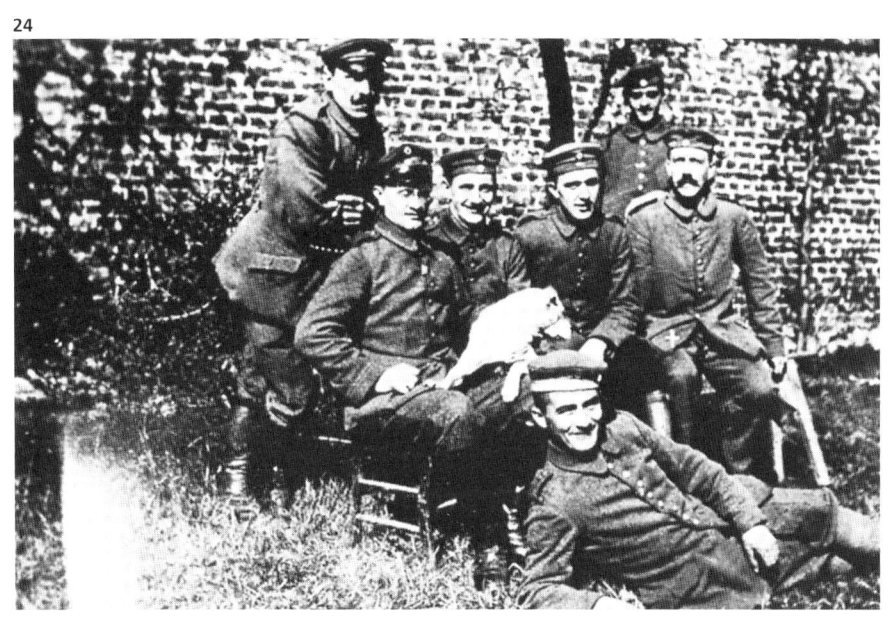

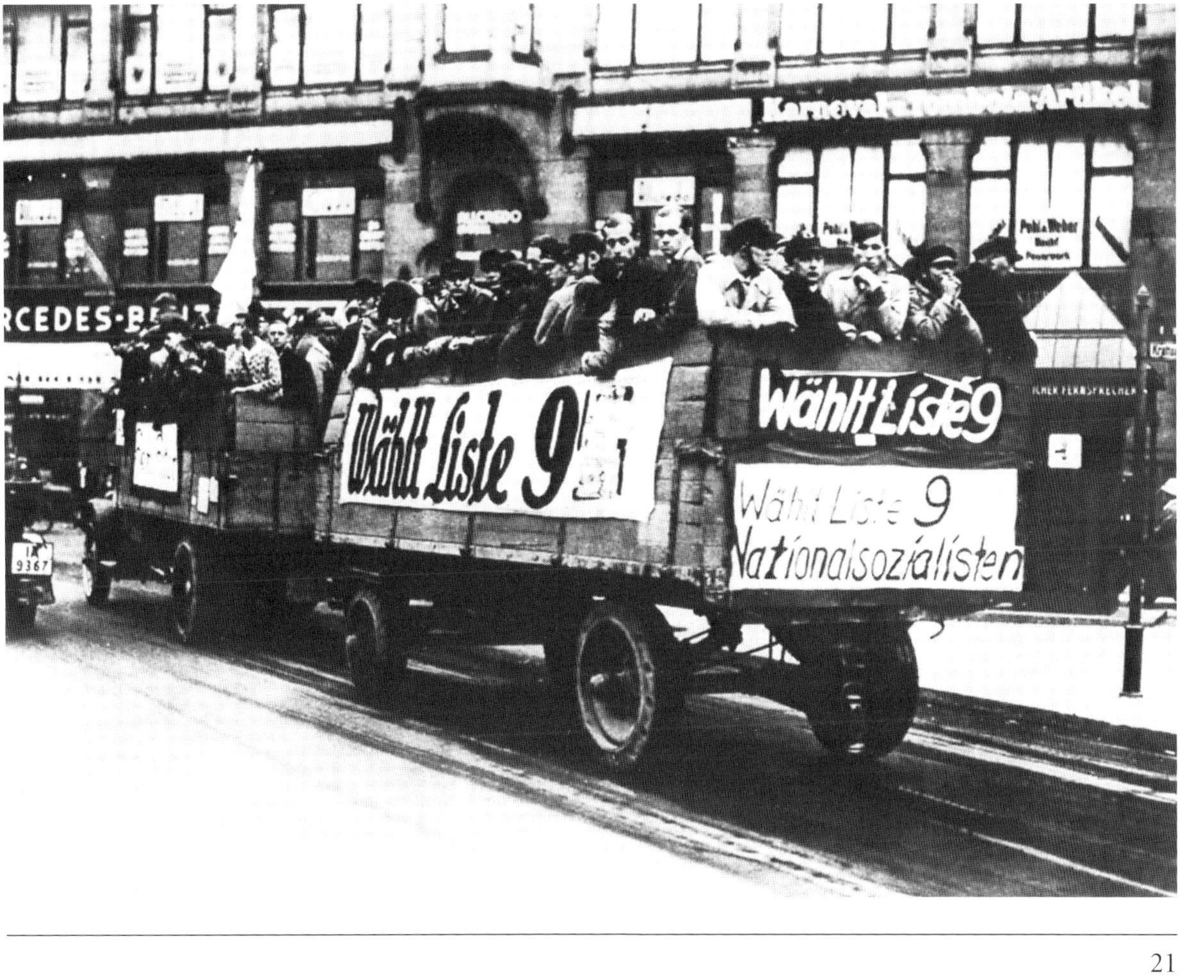
Karneval- Tombola-Artikel
RCEDES-B
Wählt Liste 9
Wählt Liste 9
Wählt Liste 9
Nationalsozialisten

26 Die Nationalsozialistische Betriebszellenorganisation (NSBO), eine Gegenbewegung zu den freien Gewerkschaften, beteiligt sich an Streiks, um neue Mitglieder zu gewinnen.

27 Die aus dem Ordnerdienst der NSDAP hervorgegangene „Sturmabteilung" (SA) übernimmt zunächst die Aufsicht bei Versammlungen der Nationalsozialisten. Später wird sie für gezielte Terroraktionen eingesetzt. Viele Arbeitslose schließen sich der SA, im Volksmund „Braunhemden" genannt, an.

28, 29 Bad Harzburg, 11. Oktober 1931: Die rechts gerichteten Parteien Deutschlands verbünden sich zur „Harzburger Front". Gemeinsam fordern sie den Rücktritt des Reichskanzlers Heinrich Brüning und Neuwahlen.

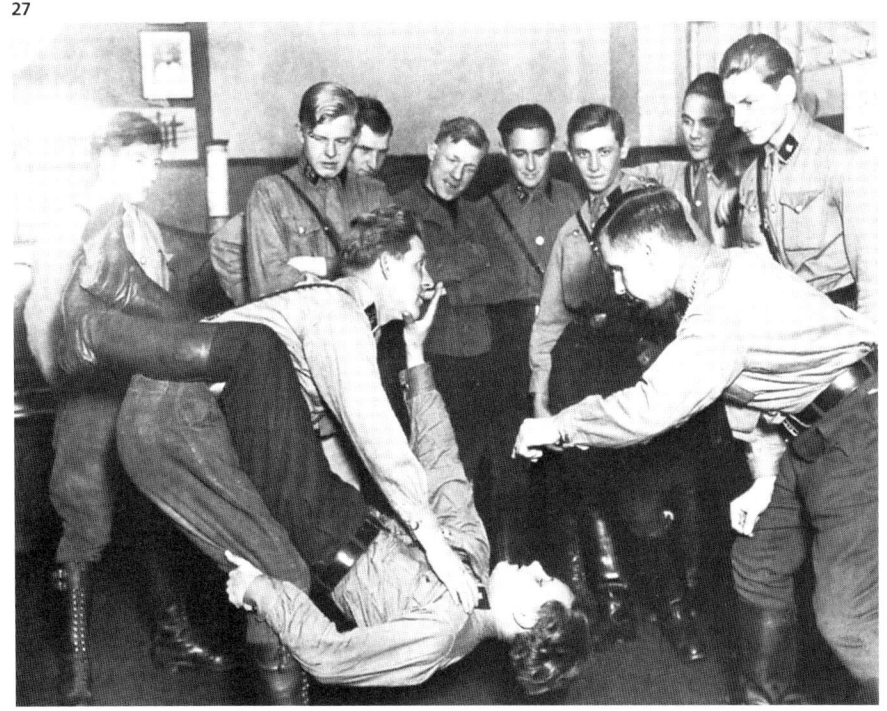

27

28

29

Hitler an der Macht

1932 wird die NSDAP zur stärksten Partei: Von 36,9 Millionen Wählern stimmen über 37 Prozent für die Partei. Im Januar 1933 wird Hitler zum Reichskanzler ernannt. Da er nicht über die absolute Mehrheit verfügt, leitet er zunächst eine Koalitionsregierung mit der rechtsgerichteten Deutschnationalen Volkspartei. Am 5. März 1933 findet erneut eine Reichstagswahl statt. Diesmal erreicht die NSDAP knapp 44 Prozent. Am 24. März verschafft sich Hitler mit Hilfe des „Ermächtigungsgesetzes" die uneingeschränkte Macht im Staat. Seine Regierung kann nun Gesetze mit verfassungsänderndem Inhalt erlassen. Von dieser Möglichkeit macht er u. a. am 14. Juli 1933 Gebrauch: An diesem Tag wird ein Gesetz verabschiedet, das die Neubildung von Parteien verbietet, nachdem alle Parteien außer der NSDAP aufgelöst sind. Hitler besitzt die absolute Macht und kann als Diktator regieren. Unterstützt und beraten wird er von einem kleinen Stab, zu dem die Reichsminister Joseph Goebbels und Hermann Göring gehören, außerdem Heinrich Himmler als Leiter der Schutzstaffel (SS) und später der Polizei sowie Reinhard Heydrich als Chef der Geheimen Staatspolizei (Gestapo). Hitler etabliert in Deutschland das so genannte „Dritte Reich". Seine Regierung findet zunächst breite Zustimmung, denn er versteht es, die Verunsicherung und Unzufriedenheit des Volkes in eine politische Massenbewegung zu führen. Nach dem Vorbild der NSDAP bilden sich in Europa weitere rechtsgerichtete nationale Bewegungen.

30

31

33

30, 31 Wahlplakate der NSDAP

32 Der Nazi Friedrich Krebs löst Ludwig Landmann, den jüdischen Bürgermeister von Frankfurt, ab.

33 Nationalsozialisten feiern in Berlin Hitlers Ernennung zum Reichskanzler (30. Januar 1933).

34 Am „Römer", dem Frankfurter Rathaus, wird die Hakenkreuzfahne aufgezogen (März 1933).

- Das *Erste Reich* bestand seit Otto dem Großen von 962 bis 1806.
- Das *Zweite Reich* entstand in der Bismarck- zeit (1870–1933).
- Das *Dritte Reich* dauerte von 1933 bis 1945.

34

32

Die Abschaffung der Demokratie

Ein wesentlicher Grundsatz der Nationalsozialisten ist das „Führerprinzip", das im Widerspruch zur parlamentarischen Demokratie steht. Gemäß diesem Prinzip verbietet Hitler alle Parteien außer der NSDAP und schaltet Andersdenkende aus.

Allein 1933 werden rund 150 000 Personen zur „Umerziehung" in große Konzentrationslager gebracht. In den ersten Jahren der Naziherrschaft finden in Deutschland zwar noch Wahlen statt, doch sie dienen lediglich dazu, den Anschein einer Demokratie zu erhalten.

35

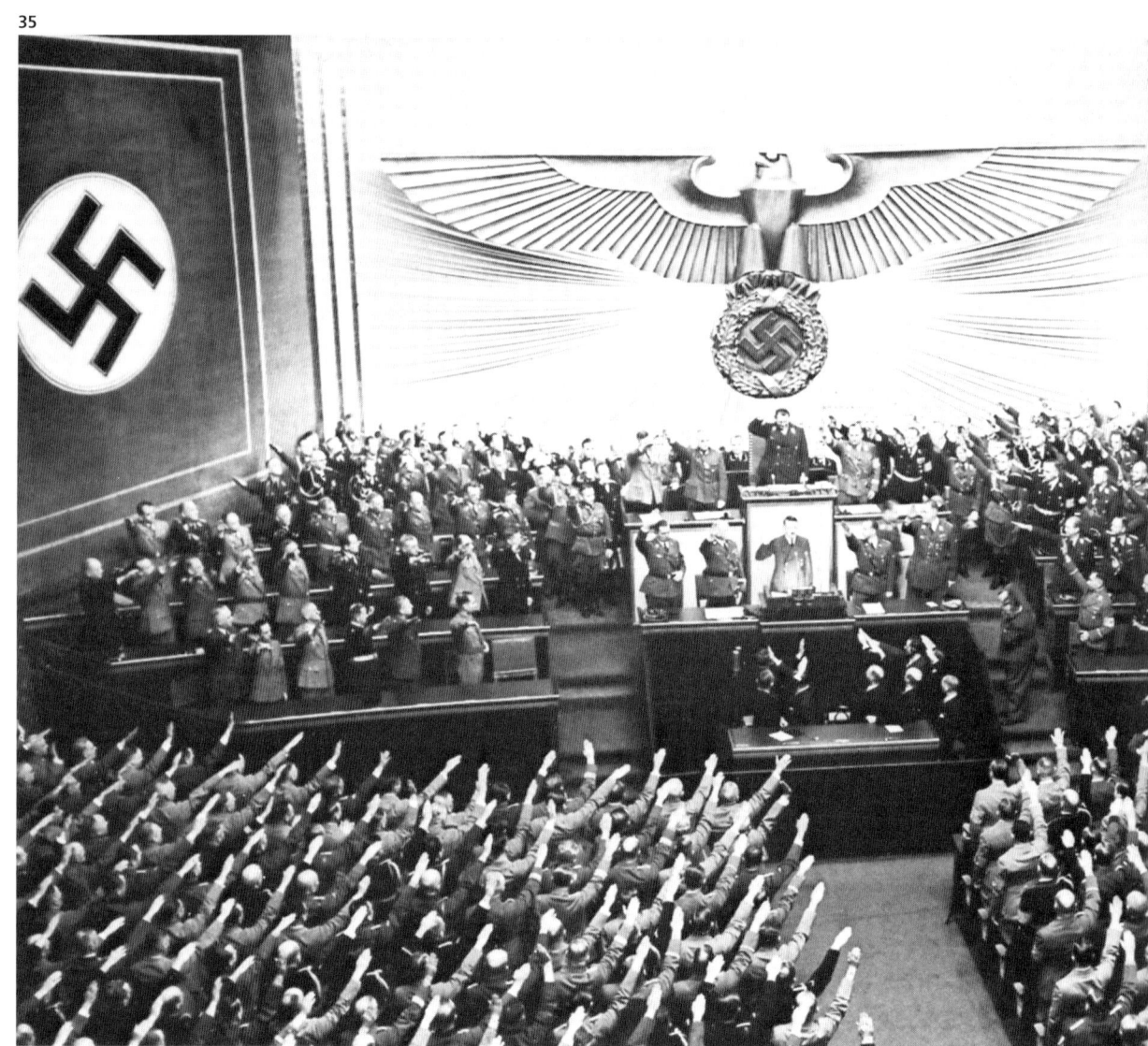

35 Hitler spricht vor dem Reichstag, dem Parlament, dem nunmehr ausschließlich Nationalsozialisten angehören (6. Oktober 1939).

36 Demokraten werden als Bedrohung empfunden, ob sie nun lebendig oder tot sind: Hier entfernen Nationalsozialisten im April 1933 ein Ehrenmal zur Würdigung Friedrich Eberts, dem ersten deutschen Reichspräsidenten.

37 Das Konzentrationslager Oranienburg bei Berlin (6. April 1933)

Die Zerschlagung der Gewerkschaften

Bald geht das Naziregime auch gegen die Arbeiterbewegung vor. Im März 1933 werden 10 000 aktive Gewerkschaftsmitglieder festgenommen – ein harter Schlag für die freien Gewerkschaften. Im gleichen Monat jedoch erzielen sie trotz des Terrors der Nazis bei den Betriebsratswahlen 80 Prozent.

Hitler ruft den 1. Mai 1933 zum „Tag der nationalen Arbeit" aus. Der Allgemeine Deutsche Gewerkschaftsbund (ADGB) fordert seine Mitglieder zur Teilnahme auf; ihre Proteste gegen die Nazis gehen aber in der Massenkundgebung unter. Am 2. Mai besetzen die Nationalsozialisten in ganz Deutschland Häuser der freien Gewerkschaften, beschlagnahmen deren Vermögen und ersetzen Gewerkschaftsführer durch Leute aus den eigenen Reihen.

Am 10. Mai 1933 wird die Deutsche Arbeitsfront (DAF) gegründet, die nationalsozialistische Einheitsgewerkschaft, der Arbeiter, Angestellte, Handwerker, Gewerbetreibende und Unternehmer beitreten müssen. Freie Gewerkschaften, die sich als Arbeitnehmervertretung verstehen, gibt es ab diesem Zeitpunkt nicht mehr. Arbeitnehmer und Arbeitgeber müssen zusammenarbeiten und Streiks sind verboten.

38

38 Von der SA verhaftete Kommunisten und Sozial-demokraten (Frühjahr 1933)

39 Am 1. Mai 1933 nehmen Millionen Deutsche an den Feiern zum „Tag der nationalen Arbeit" teil, wie hier in München.

40 Am 2. Mai 1933 stürmen Rollkommandos der SA Gewerkschaftshäuser in ganz Deutschland; das Foto entstand in Berlin.

Der Reichsarbeitsdienst

Zur Bekämpfung der Arbeitslosigkeit wird der so genannte „Reichsarbeitsdienst" (RAD) eingerichtet: Alle jungen Leute ab 18 Jahren sind zu einem sechsmonatigen Arbeitseinsatz gegen geringe Entlohnung verpflichtet. Sie arbeiten u. a. beim Autobahnbau, in der Rüstungsindustrie sowie in landwirtschaftlichen Betrieben; gleichzeitig werden sie in der nationalsozialistischen Ideologie geschult. Die Wirtschaft des ganzen Reiches wird auf die Vorbereitung eines Krieges eingestellt. Ab 1938 werden auch Fachkräfte aus bestimmten Berufen in der Fertigungsindustrie und im Maschinenbau zum Arbeitsdienst in Rüstungsbetrieben verpflichtet.

41

42

41 Der Reichskommissar für den Arbeitsdienst, Konstantin Hierl, gelobt Hitler im September 1938 im Namen von 40 000 Arbeitern und 2000 Arbeiterinnen die Treue.

42 Arbeiterkolonne auf dem Weg zum Einsatzort

43 Schaufeln für den Autobahnbau werden ausgeben; das Foto entstand im September 1933 bei Frankfurt.

43

Die Juden werden boykottiert

Am 1. April 1933 ruft der Reichspropaganda-minister Joseph Goebbels zum Boykott gegen jüdische Geschäfte, Ärzte und Rechtsanwälte auf. Zehn Tage später werden sämtliche Beamten mit jüdischen Großeltern entlassen. Zweck dieser und zahlreicher weiterer Maßnahmen ist es, den Juden die Möglichkeit zu nehmen, sich ihren Lebensunterhalt zu verdienen.

Den Nationalsozialisten zufolge steht dies nur den „Ariern" zu, den reinrassigen Deutschen, und nur sie gelten als „Volksgenossen". Jüdische Unternehmen werden „arisiert", d. h., man enteignet die Inhaber und entlässt sämtliche jüdischen Mitarbeiter.

44

47

45

44, 45, 46 Nationalsozialisten fordern die Bevölkerung mit Plakaten zum Boykott jüdischer Geschäfte auf.

46

48

47 Schaufensterscheiben jüdischer Läden werden beschmiert.

48 Ein jüdischer Kaufmann vor seinem Geschäft in Köln; er trägt seine Orden aus dem Ersten Weltkrieg.

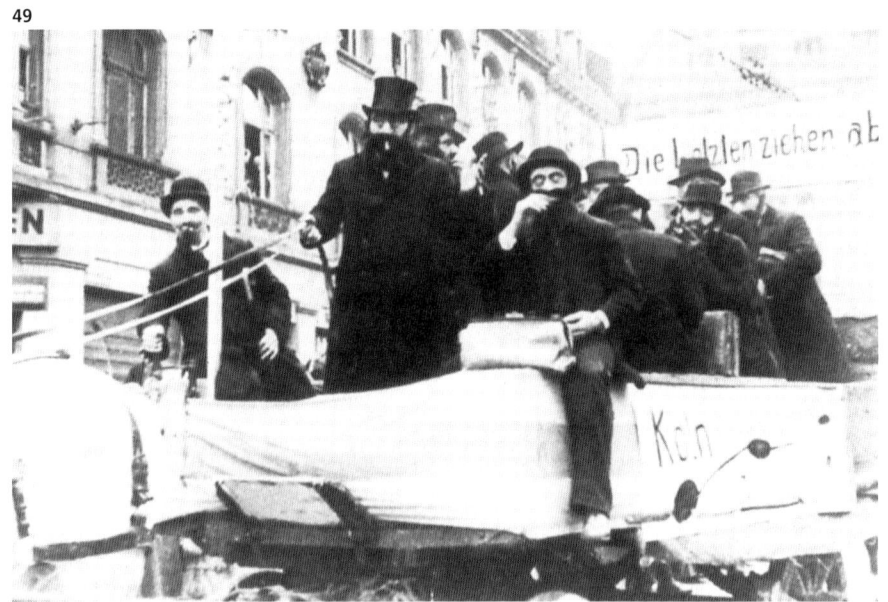

49, 50 **Beim Kölner Karneval von 1934 fahren als Juden verkleidete Männer auf einem Festwagen mit.**

49

50

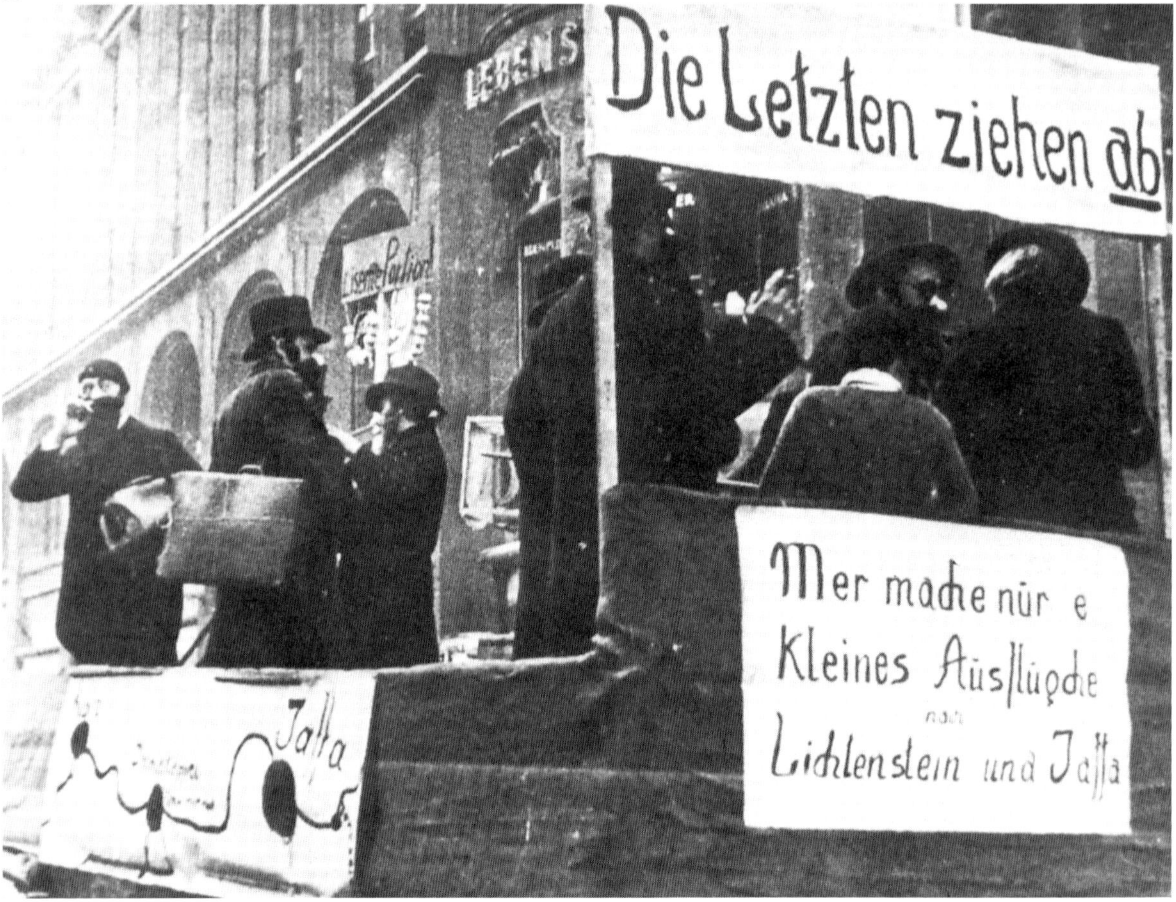

51 „Ab nach Dachau" – Männer in Häftlingskleidung stehen auf diesem Festwagen des Faschingsumzugs von 1936 in Nürnberg.

52 An Windmühlenflügeln hängen Puppen, die Juden darstellen sollen (Nürnberger Faschingsumzug 1938).

Der nationalsozialistische „Wohlfahrtsstaat"

Ob Freizeit und Urlaub, Kunst und Kultur oder Gesundheitspflege für Mutter und Kind – es gibt keinen Lebensbereich, der nicht vom NS-Staat durchorganisiert wird. Durch Freizeit- und Unterhaltungsangebote der NS-Gemeinschaft „Kraft durch Freude" soll die Arbeitskraft des Einzelnen erhalten und gefördert werden, damit er sich mit aller Energie für die Ziele des Staates einsetzt.

In den Genuss kommen aber nur „reinrassige", geistig und körperlich gesunde „Volksgenossen". „Volksgemeinschaft" ist ein häufig gebrauchtes Schlagwort. Ab 1934 werden die Juden in immer stärkerem Maße von vielen Bereichen des öffentlichen und kulturellen Lebens ausgeschlossen, so auch aus der Kulturkammer. Ihre Nachfolgeorganisation, die „Reichskulturkammer", untersteht dem Propagandaminister Joseph Goebbels.

53

53, 54, 55 Die der Deutschen Arbeitsfront angeschlossene Organisation „Kraft durch Freude" (KdF) soll den deutschen „Volksgenossen" Erholung und Urlaub ermöglichen, sei es Skiurlaub in den Bergen oder ein Aufenthalt am Meer. Eine Million Deutsche können in den Urlaub fahren.

56 Auch Kranken wird Unterhaltung geboten: Hier treten die berühmten Clowns „Die Fratellinis" vor Patienten des Horst-Wessel-Krankenhauses in Berlin auf.

Die Rassenpolitik

Kinderreiche Familien werden von den National-sozialisten gefördert nach der Devise: je mehr Kinder, desto mehr künftige Soldaten. Allerdings müssen es „reinrassige", gesunde „Arier" sein. Am 14. Juni 1933 wird das „Gesetz zur Verhütung erbkranken Nachwuchses" erlassen. Von nun an werden geistig Behinderte, Epileptiker, Taube und Blinde zwangssterilisiert.

Im September 1935 folgen die Nürnberger Gesetze „zum Schutz des deutschen Blutes und der deutschen Ehre". Sie verbieten Ehen zwischen Juden und Nichtjuden und stellen den Ge-schlechtsverkehr zwischen „Ariern" und Juden unter Strafe. 1937 bringt die Gestapo 385 schwarze deutsche Kinder in Universitätsklini-ken, wo sie sterilisiert werden.

57

58

59

60

57, 58, 59, 60 „So sieht eine deutsche Mutter aus [57] und so eine artfremde [58]." „Das sind Kinder von eurem Blut [59] und jene gehören einer fremden Rasse an [60]."
Mit diesen Bildunterschriften erscheinen die Fotos in der SS-Broschüre „Sieg der Waffen, Sieg des Kindes".

61 1937 findet in Frankfurt ein Tag der kinderreichen Familien statt.

Die Ermordung von Behinderten

Die Nazis halten es für überflüssig, dass eine gesunde Nation für die Versorgung Behinderter Geld ausgibt. Ab Oktober 1939 werden auf Hitlers Anordnung hin tausende Behinderte und Kranke umgebracht. Damit die Tötungsaktionen geheim bleiben, werden sie von speziell zu diesem Zweck gegründeten Tarnorganisationen durchgeführt. Als sie dennoch bekannt werden, erheben die Kirchen Protest, anders als im Fall der Maßnahmen gegen Juden.

Sie haben Erfolg: Im August 1941 wird das so genannte „Euthanasieprogramm" eingestellt. Bis dahin sind ihm aber bereits über 80 000 körperlich oder geistig behinderte Männer, Frauen und Kinder sowie Alkoholabhängige zum Opfer gefallen. Man hat ihnen tödliche Injektionen verabreicht oder sie vergast. In den letzten Jahren von Hitlers Regime verhungern und erfrieren weitere 130 000 Patienten von Heil- und Pflegeanstalten.

62

63

62, 63 Durch vergleichende Darstellungen wie diese aus einem Handbuch der Erb- und Rassenlehre soll die öffentliche Meinung beeinflusst werden. Die Legende zu Bild 62 lautet: „Eine erbgesunde Familie muss in einem alten Eisenbahnwaggon leben". Unter Bild 63 steht: „Erbkranke geistig Behinderte in einer Heilanstalt".

64

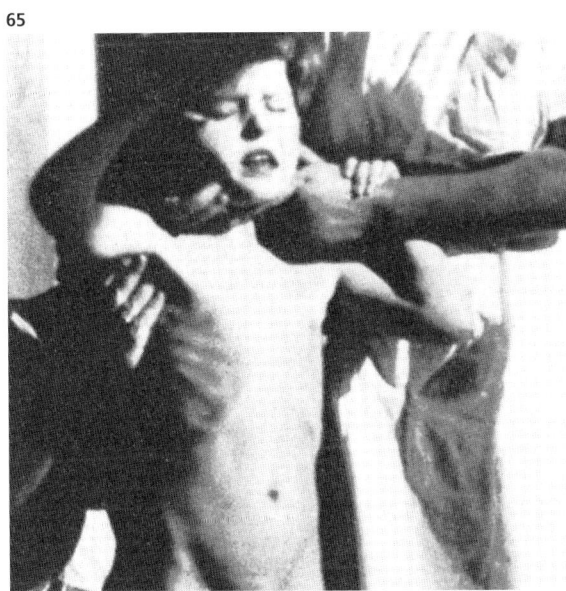

65

64 Die Leichen von über 10 000 Opfern des „Euthanasie-programms" werden im Krematorium des Psychiatrischen Krankenhauses im hessischen Hadamar verbrannt.

65 Ein geistig behindertes Mädchen, vor seinem Tod fotografiert

Deutsche Christen

Obwohl die Ideologie der Nazis das Christentum im Grunde ablehnt, wird ihre Bewegung ab 1933 von den Kirchen breit unterstützt. Bis auf wenige Ausnahmen billigen die protestantische und die katholische Kirche in Deutschland die nationalsozialistische Politik und Rassenlehre. Am 28. März 1933 nehmen die katholischen Bischöfe das zuvor in einem Hirtenbrief ausgesprochene Beitrittsverbot zur NSDAP zurück. Einen Monat später spricht sich die Evangelische Kirche der Altpreußischen Union, die größte deutsche Landeskirche, für Hitler aus.

Bei Wahlen innerhalb der protestantischen Kirche am 25. Juli 1933 erzielen die antisemitisch eingestellten, NS-freundlichen „Deutschen Christen" eine breite Mehrheit. Offizielle Stellen der beiden großen Konfessionen äußern keinen Protest gegen die Verfolgung der Juden und bieten nicht einmal zum Christentum übergetretenen Juden Unterstützung an.

66

67

68

66 Reichsbischof Ludwig Müller spricht am 25. September 1934 in Berlin.

67 Beim Fest der katholischen Jugend am 20. August 1933 in Berlin heben führende Vertreter der Kirche die Hand zum Hitlergruß.

68 Wie Dietrich Bonhoeffer und Martin Niemöller gehört auch Hildegard Schaeder der „Bekennenden Kirche" an. Als Gegenbewegung zu den ebenfalls protestantischen „Deutschen Christen" wendet sich die Bekennende Kirche von Anfang an gegen die Judenverfolgung. Weil Dietrich Bonhoeffer Juden geholfen hat, wird er verhaftet und im April 1945 von den Nazis hingerichtet. Martin Niemöller ist ab 1937 in Dachau und Sachsenhausen interniert und kommt 1945 frei. Hildegard Schaeder (hier auf einem nach dem Krieg entstandenen Foto) verhilft Juden zur Flucht aus Deutschland. Ihr Engagement führt dazu, dass sie von 1943 bis 1945 im KZ Ravensbrück gefangen gehalten wird.

Die Jugendorganisation

Ab 1933 gibt es nur noch eine offizielle Jugend-organisation: die Hitler-Jugend. Alle anderen Jugendverbände gehen darin auf oder werden verboten. Die Hitler-Jugend ist nach Geschlecht und Altersgruppen gegliedert: Jungen von 14 bis 18 Jahren gehören zur eigentlichen „Hitler-Jugend" (HJ), für Mädchen gleichen Alters gibt es den „Bund Deutscher Mädel" (BDM).

Ziel der NS-Jugendorganisation ist es, die Jugend-lichen zu Nationalsozialisten heranzubilden. Für die Jungen werden militärische Übungen abgehalten, die Mädchen sollen auf ihre künf-tigen Aufgaben als Mutter und Hausfrau vorbe-reitet werden. Auf körperliche Ertüchtigung wird viel Wert gelegt, Lesen und andere der Bildung dienende Tätigkeiten werden kaum gefördert.

69

70

71

69 Mitglieder der Hitler-Jugend begrüßen Hitler in Nürnberg (September 1938).

70, 71 HJ und BDM bieten Jungen und Mädchen viele Möglichkeiten der Freizeitgestaltung.

72 Beim BDM-Sportfest 1938 in Frankfurt

72

Das nationalsozialistische Bildungswesen

Wie andere Bereiche des Lebens bringen die Nazis auch das Erziehungs- und Bildungssystem unter ihre Kontrolle. Am 7. April 1933 tritt ein Gesetz in Kraft, das Nichtarier von der Lehrtätigkeit an Schulen ausschließt. Statt der bisherigen Schulbücher gibt es nun nationalsozialistisches Lehrmaterial; Vererbungslehre sowie Rassen- und Völkerkunde werden Unterrichtsfächer.

Juden und politischen Gegnern, die an Universitäten lehren, werden ihre akademischen Titel aberkannt, Professoren werden entlassen. Zunächst wird die Anzahl jüdischer und weiblicher Studenten begrenzt und ab November 1938 sind Juden gänzlich vom Besuch von Universitäten und öffentlichen Schulen ausgeschlossen.

73

74

73 Schulkinder lernen den Hitlergruß.

74 1935 wird Wilhelm Krüger als Rektor der Berliner Friedrich-Wilhelm-Universität eingesetzt. Bei den Feierlichkeiten trägt er die braune Nazi-Uniform unter seiner Robe. Er löst Eugen Fischer als Rektor ab, den Begründer der Rassen-lehre.

75 Sophie Scholl (Mitte), ihr Bruder Hans (links) und Christoph Probst (rechts) engagieren sich in München in der Widerstands-gruppe „Weiße Rose". Sie werden 1943 von der Gestapo verhaftet, im Schnellverfahren verurteilt und hingerichtet. Studentische Widerstandsgruppen wie die „Weiße Rose" bilden sich auch in anderen deutschen Universitäts-stadten.

75

Die Propagandamaschinerie

Das wichtigste Instrument der Nationalsozialisten ist die Propaganda. Massenversammlungen, Filme, Fotos, Plakate, Rundfunkübertragungen – all dies dient der Verbreitung ihrer Ideologie. Im März 1933 wird sogar ein eigenes Ministerium dafür eingerichtet: Das von Joseph Goebbels geleitete Reichsministerium für Volksaufklärung und Propaganda ist für sämtliche Propaganda-aktionen zuständig und darüber hinaus mit Rundfunk, Presse, Literatur, Film, Theater, bildender Kunst und Musik befasst. Es legt fest, was gesendet, veröffentlicht und dargestellt werden darf und was nicht. Bei der so genannten „Gleichschaltung" – der nationalsozialistischen Durchdringung aller Lebensbereiche – spielt das Propagandaministerium eine tragende Rolle.

76

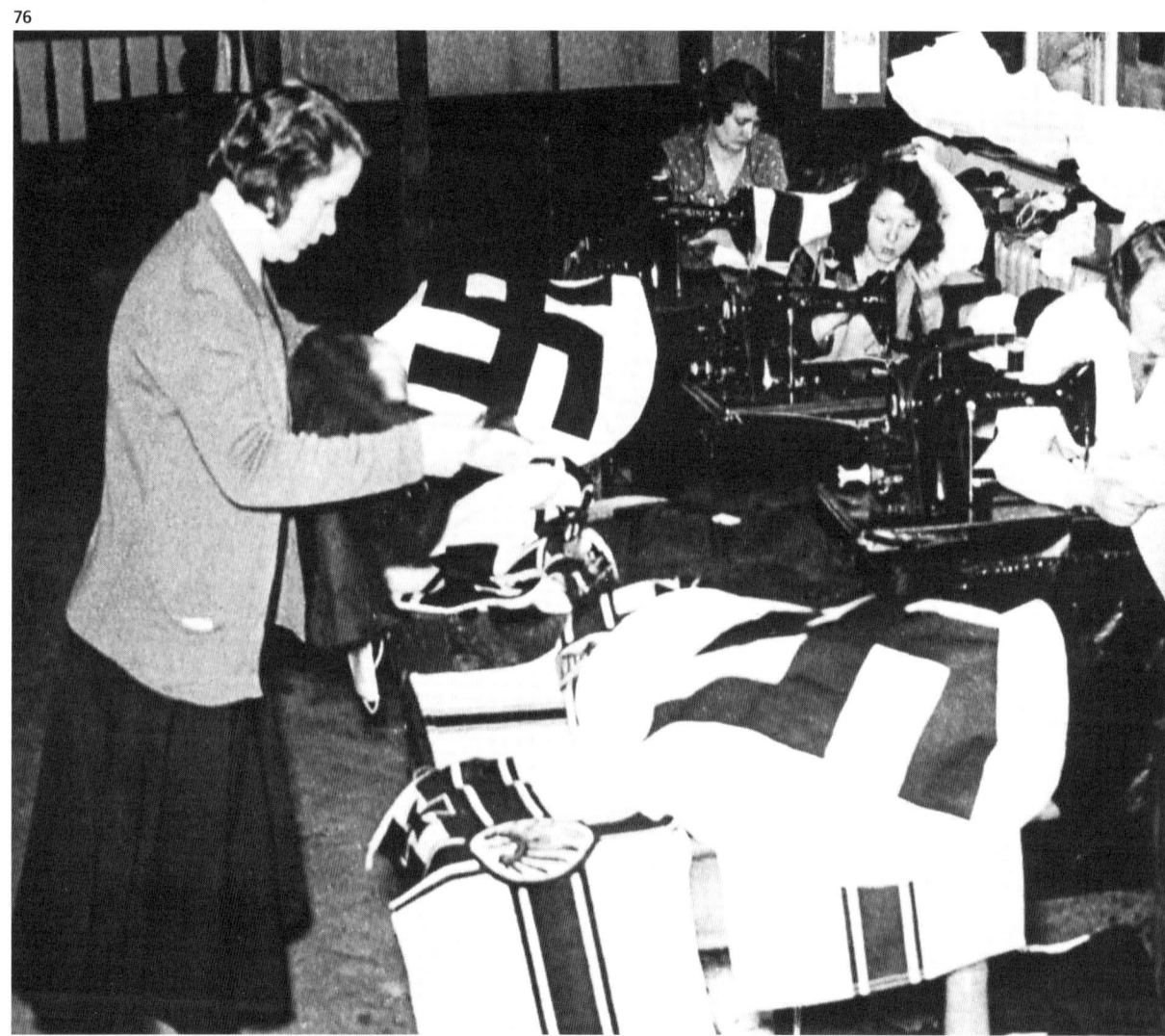

76 Jeder Haushalt soll eine Hakenkreuzfahne erhalten.

77 Die Reichsparteitage in Nürnberg (hier 1937) sind gigantische Massenveranstaltungen.

78 Zwischen 1923 und 1945 erscheint „Der Stürmer", ein Hetzblatt mit antisemitischer Propaganda. Seit 1927 verwendet es als Motto: „Die Juden sind unser Unglück".

Kunst und Kultur

Alle Kunst- und Kulturschaffenden, darunter Maler, Musiker, Bildhauer, Architekten, ja sogar Gartenarchitekten, müssen sich der Nazi-Ideologie unterordnen und der „Reichskulturkammer" beitreten. Von Juden oder politischen Gegnern geschaffene Kunstwerke werden beschlagnahmt oder zerstört.

Hitler fördert naturalistische und Propagandazwecken dienende Darstellungen; die moderne Kunst gilt im Nationalsozialismus als „geistig destruktiv". Zahlreiche moderne Künstler werden mit einem Arbeitsverbot belegt, ihre Werke werden zur „entarteten Kunst" erklärt und ins Ausland verkauft oder vernichtet.

79

82

79 Viele Künstler stehen vor der Wahl, Deutschland entweder zu verlassen oder sich den neuen Gegebenheiten anzupassen. Die Filmregisseurin Leni Riefenstahl stellt ihre Kunst ganz in den Dienst des Nationalsozialismus. Ihr Propagandafilm „Triumph des Willens" entstand 1934 beim Reichsparteitag in Nürnberg.

80, 81, 82 Am 10. Mai 1933 kommt es in deutschen Universitätsstädten (hier in Berlin) zu Bücherverbrennungen von jüdischen Autoren und von Schriftstellern, die pazifistische Ideen vertreten oder öffentlich gegen den Nationalsozialismus eintreten.

Die Wehrmacht

Kurz nach der Machtübernahme bespricht Hitler seine militärischen Pläne mit der Heeresleitung. Sein Ziel ist es, das „Versailler Diktat" (den Friedenvertrag von Versailles 1919) aufzuheben, Deutschland wieder aufzurüsten und die nach dem Ersten Weltkrieg verlorenen Gebiete im Osten als „Lebensraum" für das deutsche Volk zurückzuerobern. Deshalb erklärt sich die Heeresleitung mit Hitlers Plänen einverstanden, stellt aber die Bedingung, dass die Macht der mittlerweile 2,5 Millionen Mann umfassenden SA begrenzt wird. Angeblich wegen eines bevorstehenden Putsches der SA lässt Hitler ohne Rechtsgrundlage zwischen dem 30. Juni und dem 2. Juli 1934 viele hohe SA-Führer erschießen. Im August 1934 leistet das deutsche Heer Hitler den persönlichen Treueid. Im Jahr darauf wird die allgemeine Wehrpflicht eingeführt.

83 Die ersten Rekruten (Juni 1935)

84 Generaloberst Ludwig Beck tritt 1938 zurück, nachdem er von Hitlers Angriffsplan auf die Tschechoslowakei erfahren hat. Am 20. Juli 1944 ist er an dem Attentat von Offizieren der Wehrmacht auf Adolf Hitler beteiligt. Er war als neues Staatsoberhaupt vorgesehen. Das Attentat misslingt, und als die Attentäter um Graf Stauffenberg hingerichtet werden, begeht Beck Selbstmord.

85 Zwischen 1934 und 1939 fließen über 60 Milliarden Reichsmark in die Rüstung. Die Sozialausgaben dagegen belaufen sich auf lediglich 4 Milliarden Reichsmark.

83

84

Justiz und Rechtsprechung

Im April 1933 empfängt Hitler eine Abordnung deutscher Richter. Sie sichern seinem Regime Unterstützung zu, verlangen jedoch im Gegenzug, dass ihre richterliche Unabhängigkeit gewahrt bleibt. Hitler erklärt sich einverstanden, stellt aber seinerseits die Bedingung, dass Juden und politische Gegner des Nationalsozialismus aus den Diensten der Justiz entfernt werden. Einige wenige Richter legen aus Protest gegen dieses Vorhaben ihr Amt nieder. Andere hoffen, Schlimmeres verhüten zu können, indem sie im Amt bleiben. Das Justizsystem wird letzten Endes ganz in die Maschinerie des Terrors eingegliedert. Zunächst erkennen die Richter die Rassengesetze an und akzeptieren durch Folter erzwungene Geständnisse als Beweismittel. Später billigen sie auch das uneingeschränkte Vorgehen von SA, SS und Gestapo gegen angebliche Verräter und nehmen sogar hin, dass Juden, Homosexuelle und Zigeuner völlig entrechtet werden.

86 Straßenkontrolle in Berlin (1933). Die Polizei ist berechtigt, jeden zu durchsuchen und zu verhaften.

87 Ein SA-Mann (rechts) tut Dienst als Polizist. Dieses Foto wurde veröffentlicht mit dem Titel: „In den Straßen Berlins kehrt wieder Ruhe und Ordnung ein."

88 Die SA im Einsatz

89 Der „Volksgerichtshof" ist ein Sondergericht für Landes- und Hochverratssachen. Die Ermittlungsmethoden und die Rechtsprechung orientieren sich an dem Ziel, Gegner des Nationalsozialismus zu vernichten. Oft wird für geringfügige Vergehen die Todesstrafe verhängt. Zwischen 1942 und 1944 ergehen 4951 Todesurteile.

86

87

88

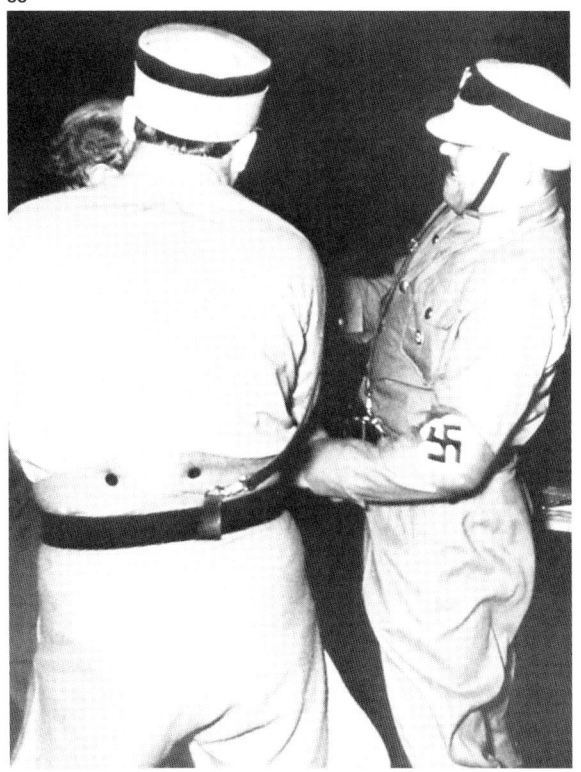

89

Jüdisches Leben in Deutschland zwischen 1933 und 1940

1933 leben etwa 500 000 Juden in Deutschland, das entspricht 0,77 Prozent der Gesamtbevölkerung. Mit Hitlers Machtübernahme beginnt ihre systematische Ausgrenzung. Im April 1933 verlieren jüdische Beamte ihre Stellen, Kaufleute, Ärzte und Rechtsanwälte werden mit einem Boykott belegt und jüdische Lehrer aus dem Schuldienst entfernt.

Ein Erlass nach dem anderen sorgt dafür, dass die Juden allmählich aus allen Bereichen des öffentlichen Lebens – sei es Arbeit, Bildung, Unterhaltung oder Kultur – verdrängt werden. Trotz der misslichen Umstände versuchen sie, den normalen Alltag so weit wie irgend möglich aufrecht zu erhalten; immer mehr aber entschließen sich, Deutschland zu verlassen.

90

90 Die Lehrerin Ruth Ehrmann verabschiedet sich von einem Schüler, der mit seinen Eltern emigriert.

91 Der Jüdische Kulturbund verschafft arbeitslosen Schauspielern und Musikern Auftrittsmöglichkeiten vor ausschließlich jüdischem Publikum (Grünewald 1935).

92 Briefe sind die einzige Möglichkeit, mit Verwandten und Freunden, die ins Ausland gegangen sind, Kontakt zu halten (1938).

93 Die Jugendabteilung des jüdischen Sportvereins Makkabi (1936). Unter diesem Namen gibt es auch heute in vielen Ländern Sportvereine.

91

92

93

Die Pogromnacht

In der Nacht vom 9. auf den 10. November 1938 werden in Deutschland und Österreich Synagogen und jüdische Geschäfte in Brand gesteckt bzw. verwüstet, werden Juden verprügelt, ermordet oder verhaftet. Das von den Nazis verübte Judenpogrom wurde lange als „Kristallnacht" bezeichnet (nach den Glasscherben von zerschlagenen Schaufenstern in den Straßen). Am 12. November kommt es zu ersten Massenverhaftungen von Juden: Etwa 30 000 Jungen und Männer werden festgenommen und in die Konzentrationslager Buchenwald, Dachau und Sachsenhausen verschleppt. Die Pogromnacht bildet den Auftakt zu einer Verschärfung der Judenverfolgung. 1939 verkündet Hitler in einer Rede ganz offen „die Vernichtung des Judentums".

94

94 Zerschlagene Schaufensterscheiben jüdischer Geschäfte

95 Am 9. November 1938 geht die Frankfurter Synagoge am Börneplatz in Flammen auf.

96 Wie hier in Tiengen (Teil von Waldshut am Oberrhein) werden die Einrichtungen der Synagogen in Deutschland und Österreich verbrannt (10. November 1938).

Die Juden fliehen

Seit 1933 verlassen immer mehr Juden Deutschland, nach der Pogromnacht aber setzt ein wahrer Massenexodus ein: Im Frühjahr 1939 hat etwa die Hälfte der jüdischen deutschen Bevölkerung das Land verlassen.

Für viele Juden stellt sich die Frage nach dem Wohin, denn sie sind keineswegs überall willkommen. Viele Länder erlassen rasch Bestimmungen, die die Zuwanderung von Juden beschränken; manche schließen ihre Grenzen sogar ganz. Mitunter erreichen die Juden ihr Ziel erst nach langen Umwegen.

97

98

97 Großer Andrang bei einem Reisebüro in der Berliner Meinekestraße (1939)

98 Ab 1938 schicken viele in Deutschland und Österreich ansässige Juden ihre Kinder hauptsächlich nach England, in der Hoffnung, dass sie dort sicherer sind.

99 Jüdische Mädchen auf dem Weg nach England

100 Ankunft in Shanghai: Bis 1940 haben sich rund 20 000 jüdische Flüchtlinge dort niedergelassen.

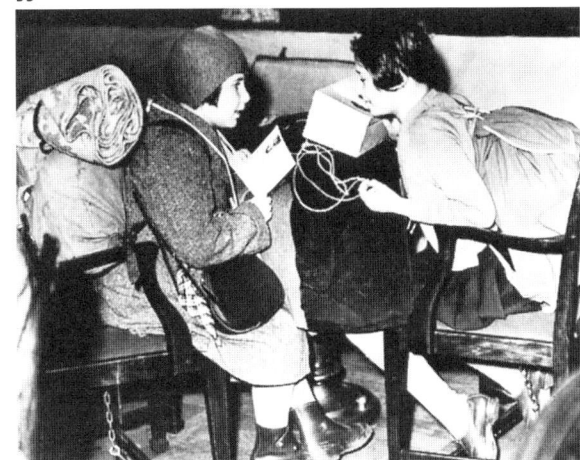

Internationale Reaktionen auf Deutschland

Im Ausland reagiert man sehr unterschiedlich auf das NS-Regime. Manche Regierungen missbilligen aufs Schärfste, was in Deutschland geschieht. Andere glauben nicht, dass Hitler lange an der Macht bleiben wird, und beziehen daher keine Stellung. In manchen Ländern findet Hitler Nachahmer: Es entstehen eigene nationalsozialistische Verbände. Insgesamt werden die Gefahren des Nationalsozialismus und der Judenverfolgung stark unterschätzt.

101

ALL CITIZENS, JEW AND GENTILE!
PROTEST AGAINST THE PROBLEMS
AND BARBARIOUS ATTACKS ON THE JEWS IN GERMANY
WRITE TO YOUR M.P.

HELPERS WANTED
CLERICAL WORK

AN AP
500 YOUNG ME
WANTED A
TO CANVASS HOUSE
SIGNING P
STEP INSIDE
AND OFFER YOUR SE
KINDLY LEAVE YOUR

YOU MUST SAVE THE LIVES OF THE JEWISH

103

101 In Washington D.C. kettet sich 1933 die 18-jährige Sara Roth an eine Straßenlaterne. Mit dieser Aktion protestiert sie gegen die Massenverhaftungen von Sozialisten und Kommunisten in Deutschland.

102 Im November 1938 wird in London öffentlich appelliert, gegen die Pogrome in Deutschland zu protestieren.

103 In vielen Ländern werden Organisationen gegründet, die mit den Nazis sympathisieren. So entsteht sogar in Kalifornien ein SA-Verband.

Jüdisches Leben in den Niederlanden 1940

1940 leben in den Niederlanden etwa 140 000 Juden, davon sind rund 24 000 Flüchtlinge. Die Niederlande zählen zu den Ländern, die den Zuzug jüdischer Emigranten beschränken. Wer nicht aufgenommen wird, findet im Flüchtlingslager Westerbork in der Provinz Drente zeitweilig ein Unterkommen. Die Kosten für dieses Lager muss allerdings die jüdische Gemeinschaft der Niederlande tragen.

Amsterdam hat die größte jüdische Gemeinde in den Niederlanden: 90 000 Menschen gehören ihr an. Die meisten sind arm, ihren Lebensunterhalt verdienen sie sich im Handel oder als Arbeiter in der Bekleidungs- und Diamantenindustrie. Zwar kommt es auch in Amsterdam und andernorts in den Niederlanden zu antisemitischen Anfeindungen, doch die meisten Juden betrachten sich selbst als in die Gesellschaft integriert.

104

105

104 Im jüdischen Viertel
von Amsterdam

105 Mitten im jüdischen
Viertel liegt der Waterlooplein, wo Märkte abge-
halten werden.

106 Eine Matzebäckerei
im jüdischen Viertel von
Amsterdam

107 Jüdische Arbeiter in
einer Diamantenschleiferei

107

Die Familie Frank in Amsterdam zwischen 1933 und 1940

Nach Hitlers Machtergreifung und dem Boykott gegen die Juden reist Otto Frank im Sommer 1933 nach Amsterdam, um die Übersiedlung seiner Familie aus Deutschland vorzubereiten. Dort eröffnet er ein Unternehmen, das Produkte der Firma Opekta (Einmachhilfen wie Pektin) verkauft. Wenig später ziehen seine Frau Edith und die Töchter Margot und Anne nach. Die Franks beziehen eine Wohnung am Merwedeplein im Süden Amsterdams. Die Mädchen besuchen die nahe gelegene Montessori-Schule und schließen bald Freundschaften. Mit anderen jüdischen Einwanderern in der Nachbarschaft unterhält die Familie enge Kontakte. Otto Franks Geschäfte laufen recht gut, sodass er mit Frau und Kindern ein relativ sorgenfreies Leben führen kann. Als im Mai 1940 deutsche Truppen in die Niederlande einmarschieren, ist es damit zu Ende.

108

109

110

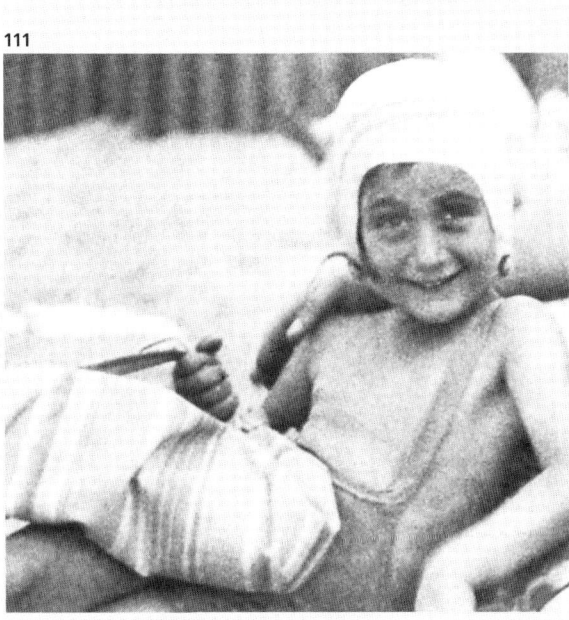

111

108, 109 Anne mit ihrer Freundin Sanne Ledermann 1935 am Merwedeplein in Amsterdam

110, 111 Ausflüge ans Meer im Sommer 1934

112 Anne (rechts) mit einer Freundin (1934)

112

113 Anne (mit Pfeil) in der Montessori-Schule (1935)

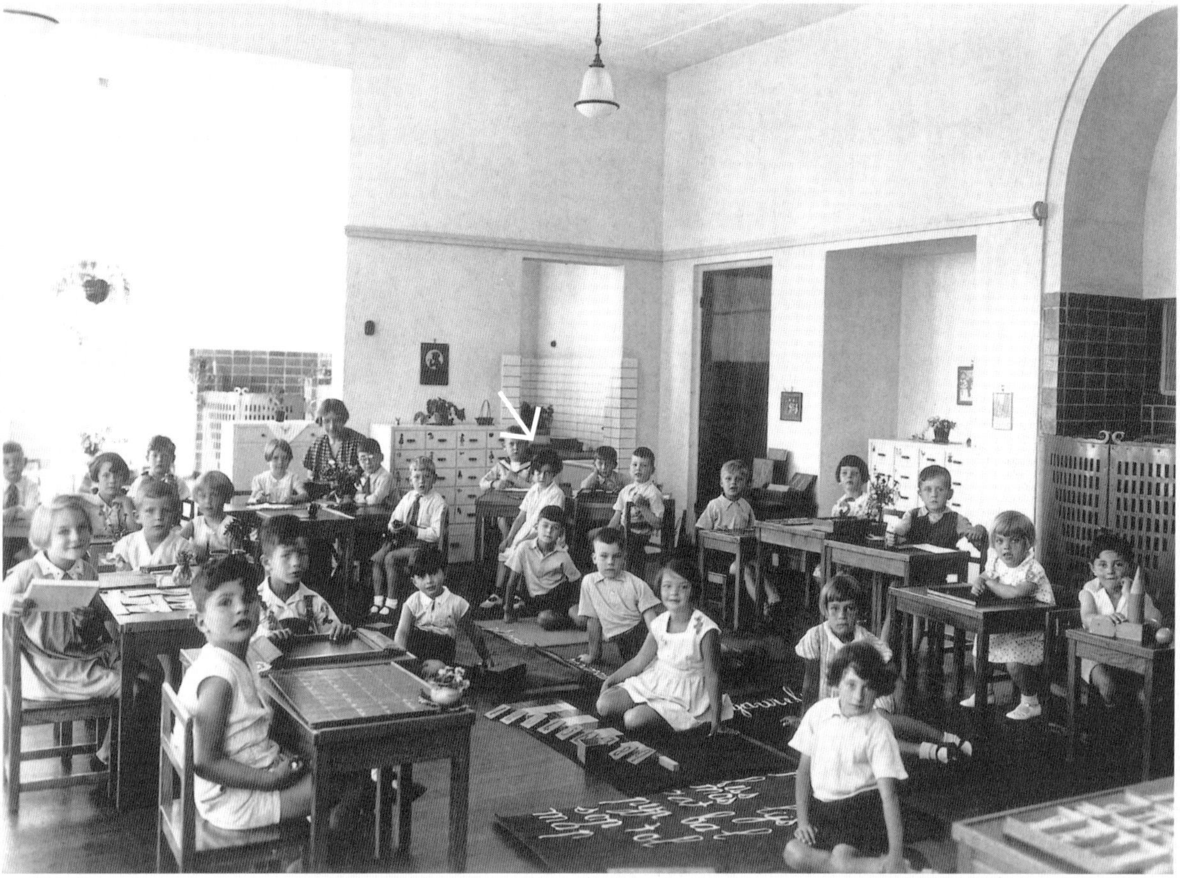

114 Anne mit einem Kaninchen im Park Amstelrust (1938)

115 Anne (zweite von links) an ihrem 10. Geburtstag (12. Juni 1939)

116 Anne

117 Anne (rechts) mit ihrer Schwester Margot (links) und einer Freundin, die ebenfalls Margot heißt, am Strand im belgischen Middelkerke (Juli 1937)

116

117

118 Anne auf dem Flach-
dach des Hauses am
Merwedeplein (1940)

119 Die Familie Frank
auf dem Merwedeplein
(Mai 1940)

120 Anne mit zwei
Freunden: Hermann und
Herbert Wilp

121

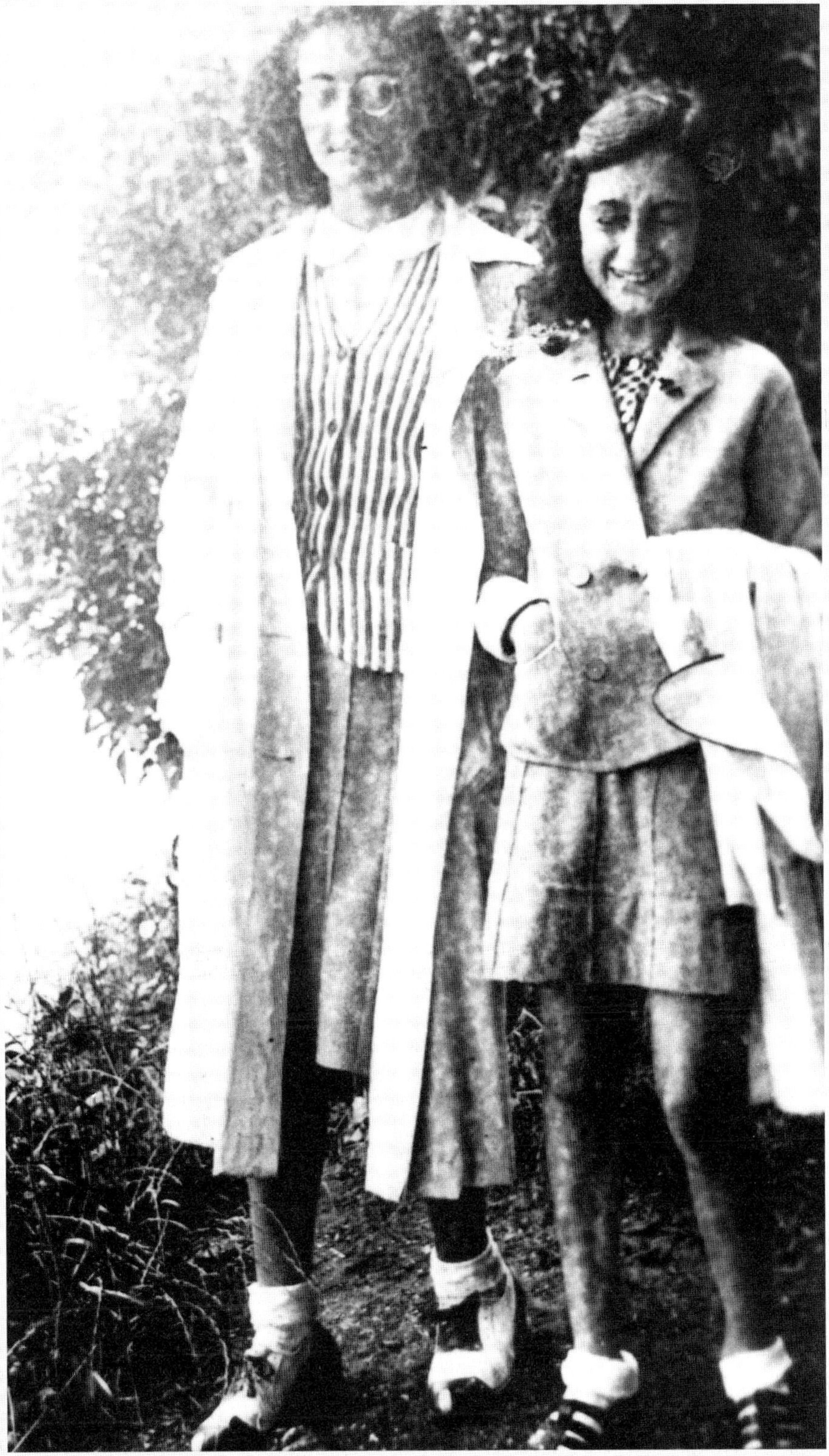

122

123

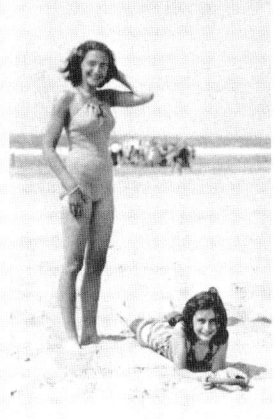

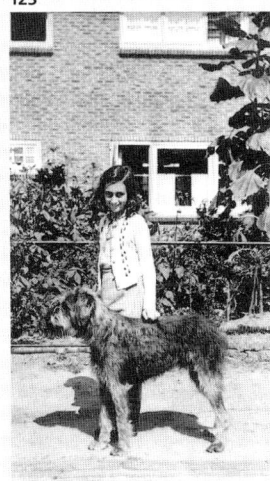

121 Margot (links) und Anne (1940)

122 Am Strand von Zandvoort (August 1940)

123 Anne (1940)

124 Margot

1935   1935   1936

1937   1938   1939

1940   1941   1942

125 Anne

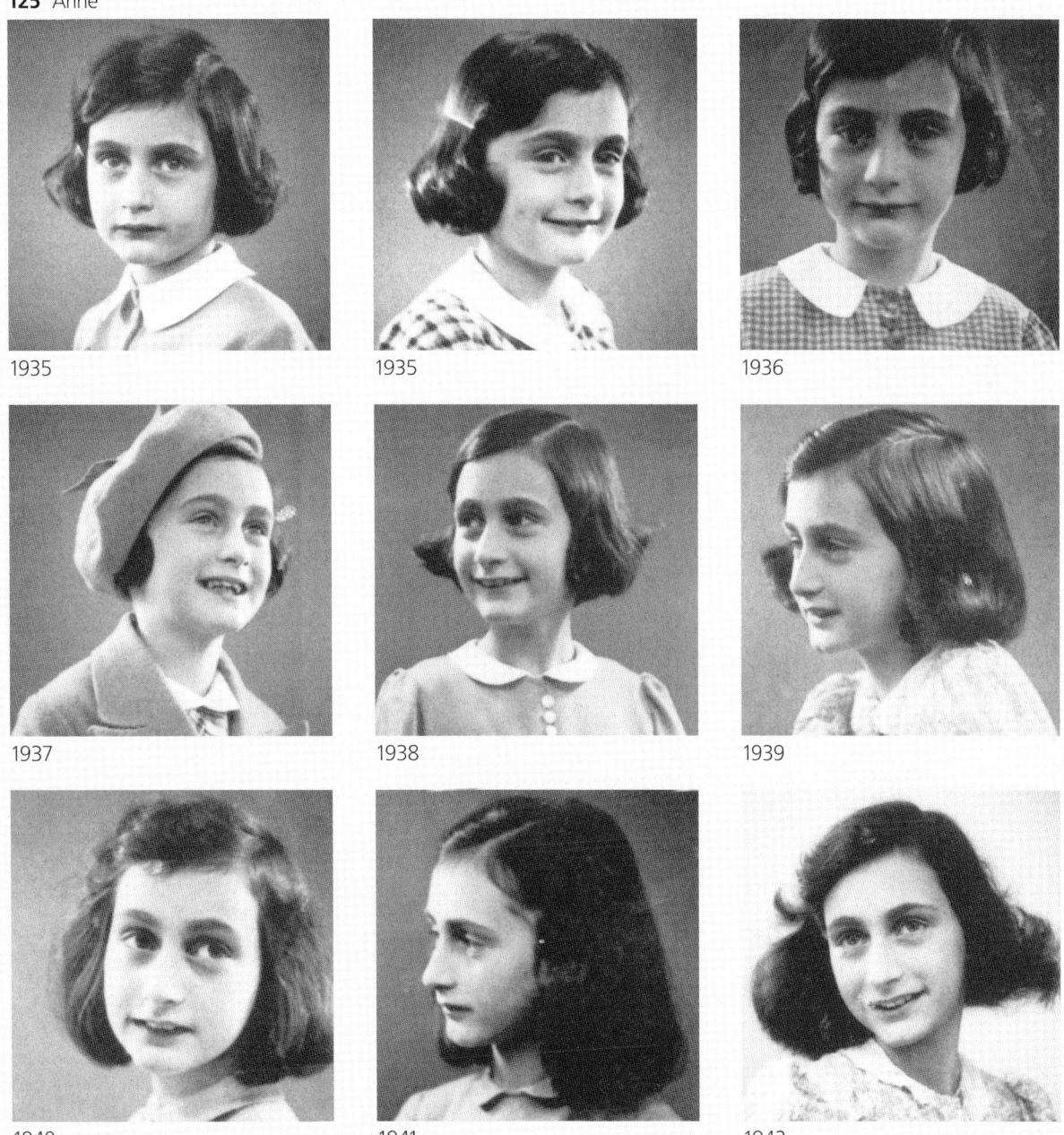

1935

1935

1936

1937

1938

1939

1940

1941

1942

Nationalsozialismus in den Niederlanden

1931 gründet Anton Mussert in den Niederlanden nach dem Vorbild der NSDAP die „Natio-
naal Socialistische Beweging" (NSB). Die Partei
findet bald breiten Zuspruch; vor allem Kaufleute, Beamte und Bauern, die das Vertrauen in
die großen Parteien des Landes verloren haben,
schließen sich ihr an.

1935 erzielt die NSB in den Niederlanden ein
Wahlergebnis von knapp acht Prozent. Danach
aber sinkt ihre Popularität auf Grund des immer
deutlicher ausgeprägten Antisemitismus. Als die
Deutschen im Mai 1940 in die Niederlande ein-
fallen, hat die NSB aber noch immer 27 000 Mitglieder.

126

127

128

126 Der Führer der NSB, Anton Mussert

127 NSB-Sympathisanten

128 Eine NSB-Massenveranstaltung

129 „Moskau droht! Wählt Mussert!" – Im Wahlkampf gibt sich die NSB betont antikommunistisch.

130 Ein NSB-Propagandawagen mit der Parole „Faschismus bedeutet Handeln für Volk und Vaterland"

129

130

Die Besetzung der Niederlande 1940

Am 10. Mai 1940 marschieren völlig unerwartet deutsche Truppen in die Niederlande ein. Das Land hatte, wie bereits im Ersten Weltkrieg, eine neutrale Politik verfolgt. Binnen weniger Tage besetzen die Deutschen alle strategisch wichtigen Gebiete der Niederlande.

Die königliche Familie und die niederländische Regierung fliehen nach England. Nach heftigen Kämpfen bei Arnheim und dem Bombardement der Stadt Rotterdam kapitulieren die Niederlande und sind ab dem 15. Mai 1940 deutsches Besatzungsgebiet.

131

133

134

131 Deutsche Fallschirmspringer landen in den Niederlanden (10. Mai 1940).

132, 133 Bei den Bombenangriffen auf Rotterdam kommen 900 Menschen um und über 24 000 Häuser werden zerstört.

134 Niederländische Soldaten haben im Binnenhof, dem Parlamentsgebäude in Den Haag und nun Sitz der deutschen Besatzungsmacht, ihre Waffen abgegeben.

Die erste Zeit der Besatzung

Dem Schrecken und Entsetzen über den Einmarsch deutscher Truppen folgt bei vielen Niederländern zunächst eine gewisse Erleichterung darüber, dass die Besatzer sich „anständig" verhalten. Die Mehrheit der Bevölkerung widersetzt sich den Anordnungen der Deutschen nicht. So wird z. B. die Verdunkelung als sinnvoll empfunden, andere Maßnahmen, wie die Einführung eines Personalausweises, werden als erträglich hingenommen. Da Deutschland unbesiegbar scheint, fügt sich die Bevölkerung in das Unvermeidliche.

Ab Herbst 1940 werden Beamte, Lehrer, Richter und Unternehmer aufgefordert, einen Abstammungsnachweis auszufüllen. Darin ist anzugeben, ob die eigenen Eltern oder Großeltern und bei Arbeitgebern auch die der Mitarbeiter jüdischen Glaubens sind oder waren. Man kommt der Aufforderung weitgehend nach; nur ein paar Dutzend Personen im ganzen Land weigern sich. Dass die Niederländer so bereitwillig auf die Forderung eingehen, verschafft den Besatzern wichtige Informationen für ihren nächsten Schritt: die Verfolgung der niederländischen Juden.

135

135 Lebensmittelmarken werden eingeführt.

136 In Rotterdam werden Wahlkabinen zu Umkleidekabinen für ein Schwimmbad umfunktioniert.

136

137 An den Amsterdamer Grachten werden Geländer aufgestellt, weil es durch die Verdunkelung nachts gefährlich ist, dort entlangzugehen.

138 Ab Mai 1941 muss jeder Niederländer einen Personalausweis bei sich tragen, was es bisher nicht gegeben hatte. Hier ist eine Meldestelle in Amsterdam zu sehen.

Die erste Razzia

Was die Deutschen vorhaben, zeichnet sich ab Februar 1941 ab. Die NSB-Schlägertrupps „Weer-Afdeling" („Wehr-Abteilung") fallen mehrfach im Amsterdamer Judenviertel ein und gehen aggressiv und brutal gegen die Bewohner vor. Auf die Märkte auf dem Waterlooplein und dem Amstelveld werden Überfälle verübt. Als die Amsterdamer Juden sich in Gruppen organisieren, um ihr Eigentum zu schützen, kommt es zu heftigen Auseinandersetzungen.

Nachdem dabei ein WA-Mann stirbt, schlagen die Deutschen mit aller Härte zurück. Am 22. Februar 1941 wird das jüdische Viertel abgeriegelt, 400 jüdische Jungen und Männer werden von der Straße, aus Häusern und Cafés zusammengetrieben, geschlagen und verschleppt – wohin, weiß zu diesem Zeitpunkt noch keiner.

139

139, 140 Razzia auf dem Jonas Daniël Meijerplein in Amsterdam am 22. Februar 1941.

140

Der Februarstreik von 1941

Als Protest gegen die Razzia in Amsterdam organisieren Nazigegner, insbesondere aus der Kommunistischen Partei, am 25. Februar 1941 einen Generalstreik, an dem sich zehntausende beteiligen. Es kommt zu Arbeitsniederlegungen in Groß- und Kleinbetrieben.

Am zweiten Streiktag, dem 26. Februar, schlagen die Deutschen hart zurück: Sie lassen Truppen anrücken, die auf die Streikenden schießen und Verhaftungen vornehmen. Aus Angst vor weiteren Vergeltungsmaßnahmen wird der Streik am 27. Februar 1941 beendet.

141

Wij ontvingen heden het droeve bericht, dat onze geliefde Zoon, Broeder en Kleinzoon

ARNOLD HEILBUT,

in den leeftijd van 18 jaar, in Duitschland is overleden.

Amsterdam, 2 Juli 1941.
Z. Amstellaan 89.

H. M. HEILBUT.
F. HEILBUT—CARO
en familie.

Heden ontvingen wij bericht, dat in Duitschland op 25 Juni is overleden onze innig geliefde Zoon, Broeder en Zwager

AB. LOPES DE LEAÔ LAGUNA,

in den leeftijd van 24 jaar.
Namens de familie:

B. LOPES DE LEAÔ
LAGUNA.
Verzoeke geen bezoek.
Smaragdstraat 25 I Z.

Met diep leedwezen geven wij kennis, dat onze innig geliefde eenige Zoon

PAUL JACOBUS LEO,

in den ouderdom van 27 jaar, 25 Juni in Duitschland is overleden.

I. HEIMANS JR.
J. B. HEIMANS—
VAN GELDER.
Amsterdam, 1 Juli 1941.
Watteaustraat 5.

Liever geen rouwbeklag.

141 Die öffentlichen Verkehrsmittel stellen während des Streiks den Verkehr ein. Streikende Straßenbahnfahrer stehen hier in der Sarphatistraat in Amsterdam beisammen.

142 Todesanzeigen für Juden, die nach der Razzia verhaftet und in das Konzentrationslager Mauthausen (Oberösterreich) verschleppt worden waren. Monate nach der Razzia im Februar werden ihre Angehörigen über die Todesfälle unterrichtet.

Zusammenarbeit mit den deutschen Besatzern

Die nationalsozialistischen Organisationen der Niederlande, darunter die NSB als größte, arbeiten eng mit den Deutschen zusammen. Auch nach der Razzia vom Februar 1941 halten die Kollaborateure Massenveranstaltungen ab, bei denen sie ihre antisemitische und prodeutsche Gesinnung zum Ausdruck bringen. Zu ihnen zählen auch Mitglieder, die aus der Besetzung für sich selbst Nutzen ziehen, sei es, indem sie deutschen Soldaten Waren verkaufen oder gegen Entlohnung beim Bau militärischer Anlagen helfen.

Drei Monate nach dem Einmarsch der Deutschen wird die „Nederlandsche Unie" (NU) gegründet, der sich binnen weniger als einem Jahr etwa eine halbe Million Menschen anschließen. Die Maßnahmen der Deutschen werden von der NU im Großen und Ganzen gebilligt, gegen die antijüdischen Erlasse aber protestiert sie entschieden. Die bedeutende Massenorganisation, der es um eine Form des legalen Protests und zugleich um Entgegenkommen geht, wird im Dezember 1941 von den Deutschen verboten.

143

143 Arthur Seyß-Inquart wird 1940 von Hitler zum Reichskommissar für die besetzten Niederlande ernannt. Hier inspizieren Seyß-Inquart (Mitte, mit erhobenem Arm) und Mussert, Führer des NSB (in schwarzer Uniform), deutsche Truppen vor dem Binnenhof, dem Parlamentsgebäude in Den Haag.

144 „Mit Adolf Hitler in ein neues Europa" – unter diesem Motto steht eine Massenkundgebung der NSB am 27. Juni 1941 auf dem Museumplein in Amsterdam. Mussert erklärt, das deutsche Volk könne sich auf die Niederländer verlassen wie auf seinen treuesten Hüter.

145 Bei der jüdischen Wochenzeitung „Nieuw Israëlitisch Weekblad" sind die Fensterscheiben eingeworfen worden (1941).

Freiwillige für die SS

Die Deutschen werben in den Niederlanden Freiwillige für den Kampf im Osten an, indem sie an den tief verwurzelten Antikommunismus appellieren. Gut 30 000 Niederländer melden sich zur Waffen-SS, dem militärischen SS-Verband. 17 000 von ihnen werden ab April 1941 angemustert und vor allem an der Ostfront eingesetzt, wo etwa 5000 umkommen. Viele tausend andere übernehmen logistische Aufgaben, z. B. als Fahrer von Lastwagen und im Straßen- oder Landebahnenbau, oder sie beaufsichtigen russische Zwangsarbeiter in landwirtschaftlichen Betrieben. Weitere 15 000 Freiwillige bewerben sich für Polizeieinheitenund militärische Hilfstrupps. Niederländische SS-Leute werden überdies als Aufseher in Konzentrationslagern in den Niederlanden eingesetzt.

146

147

149

146 Der holländische General Seyffardt inspiziert am 7. August 1941 in Den Haag niederländische Freiwillige, bevor sie an die Ostfront geschickt werden.

147 Weibliche NSB-Mitglieder stricken für die Freiwilligen an der Ostfront.

148 Abfahrt Freiwilliger zur Ostfront (Den Haag, Juli 1941)

149 Mussert (links) besucht ein Ausbildungslager für niederländische SS-Freiwillige in Ostpreußen.

Antijüdische Maßnahmen

Im Laufe des Jahres 1941 werden die Rechte der niederländischen Juden schrittweise immer weiter beschnitten, sodass sie in zunehmende Isolation geraten. Im Februar 1941 werden sämtliche jüdischen Lehrer aus dem Schuldienst entlassen und ab September desselben Jahres dürfen jüdische Kinder keine öffentlichen Schulen mehr besuchen. Viele weitere antijüdische Maßnahmen folgen 1942, genau wie es zwischen 1933 und 1938 in Deutschland geschah. Juden wird z. B. der Aufenthalt in öffentlichen Einrichtungen wie Parkanlagen und Schwimmbädern verboten, ebenso der Besuch von Kinos, Märkten und Geschäften. In der Amsterdamer Innenstadt wird ein jüdisches Getto eingerichtet. Ab Ende April 1942 müssen alle Juden den gelben Davidstern mit dem Wort „Jude" tragen.

1941 werden prominente Juden aufgefordert, einen „Judenrat" zu bilden, der künftig alle Juden vertreten soll. Um Schlimmeres zu verhüten, kommt man der Aufforderung nach. Der „Joodsche Raad" in Amsterdam besteht zwei Jahre. Er kümmert sich um Schulen und Lehrer für jüdische Kinder, stellt Sozialarbeiter ab und organisiert kulturelle Veranstaltungen. Die Deutschen benutzen den Judenrat für die Durchsetzung ihrer Maßnahmen, insbesondere nachdem die Deportationen der Juden begonnen haben. Wer für den Judenrat arbeitet, kommt nicht auf die Deportationslisten – zumindest eine Zeit lang. Letztendlich aber werden auch Leitung und Mitarbeiter des Rates verhaftet und im September 1943 vom Durchgangslager Westerbork aus deportiert.

150 Ein Schild an einem Lebensmittelgeschäft verbietet Juden den Zutritt.

151 Im Februar 1943 sind die meisten Geschäfte im jüdischen Viertel geschlossen – eine Folge des 1941 begonnenen „Arisierungsprogramms" der Deutschen.

150

151

152

152 Personalausweise von Juden werden mit einem „J" gekennzeichnet (Sommer 1941).

153 „Für Juden verboten" – ein Schild am Eingang zu einem Schwimmbad

153

154 Jüdische Jugendliche auf dem Transvaalplein in Amsterdam (Frühjahr 1942). Im Viertel um diesen Platz leben viele Juden.

155 Arbeitslos gewordene jüdische Musiker spielen bei Hauskonzerten auf – allerdings nur bei Juden.

156 Das Schild an der Tür hinter dem jüdischen Ehepaar Peereboom meldet, dass die „Sterne ausverkauft" sind. Die Juden müssen den Davidstern nicht nur tragen, sondern auch selbst kaufen.

Widerstand in den Niederlanden

Die meisten Niederländer sind antideutsch eingestellt, doch das bedeutet nicht, dass sie Widerstand leisten. Nur ein sehr geringer Teil der Bevölkerung wendet sich aktiv gegen die Nazis. Dass die Mehrheit passiv bleibt, hat verschiedene Gründe: Angst, religiöse Überzeugungen, die Ablehnung bürgerlichen Ungehorsams und das Gefühl, dass nur die Wahl zwischen zwei Übeln bleibt: Faschismus oder Kommunismus.

Die Organisation des Widerstands in den Niederlanden wird vor allem im ersten Jahr der deutschen Besatzung durch politische und religiöse Differenzen erschwert. Außerdem fehlt es an überzeugenden Beispielen durch führende Vertreter der Gesellschaft. Die ersten Aktionen sind daher weitgehend symbolischer Art; erst in den Jahren 1942 und 1943 wird der Widerstand planmäßig organisiert.

157

158

157, 158, 159 Illegale Flugblätter und Zeitungen sind ein wesentliches Instrument des Widerstands. Etwa 30 000 Niederländer hören heimlich ausländische Radiosender, bringen die Nachrichten zu Papier und sorgen für deren Vervielfältigung und Verteilung.

Der Beginn der Deportationen

Ab Januar 1942 werden arbeitslose Juden aufgefordert, sich zum Arbeitseinsatz zu melden. Bald darauf werden nicht nur Männer, sondern ganze Familien ins Durchgangslager Westerbork in der nordöstlichen Provinz Drente gebracht und ab Juli 1942 in „Arbeitslager im Osten" verschickt.

Die Nazis setzen den Judenrat unter Druck, festgelegte Transportquoten nach Westerbork einzuhalten. Unterschreitet der Rat die Quoten, verhaften die Nazis willkürlich Juden von der Straße weg. Tausende versuchen unterzutauchen, doch ein sicheres Versteck ist schwierig zu finden.

160 Nur wenigen Juden gelingt es unterzutauchen. Dieses Foto zeigt jüdische Kinder, die von der Familie Boogaard auf deren Hof versteckt werden.

161 Razzia unter Nichtjuden, die zum Arbeitseinsatz nach Deutschland sollen (Den Haag, November 1944).

160

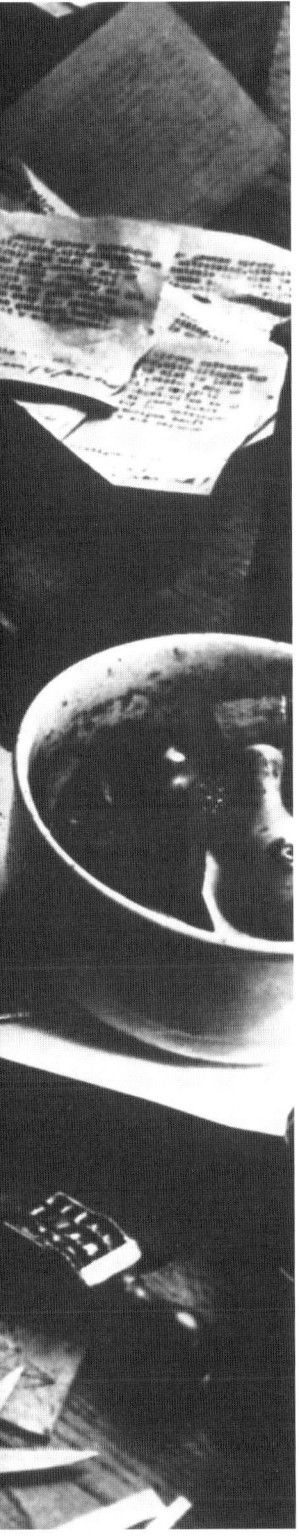

163

164

162 Personalausweise werden gefälscht, um die Ausreise zu ermöglichen (1942).

163 März 1943: Eine Widerstandsgruppe hat das Amsterdamer Einwohnermeldeamt gesprengt und die für die Deportationen notwendigen Unterlagen vernichtet.

164 In einer Scheune sind Karteien aus dem Einwohnermeldeamt der Stadt Jisp vor den Nazis versteckt worden.

Die Familie Frank taucht unter

Otto Frank tritt die Leitung seiner Firma an nicht-jüdische Mitarbeiter ab, bleibt jedoch „hinter den Kulissen" der Chef. Seine Töchter Anne und Margot besuchen bis zu den Sommerferien 1942 das Jüdische Lyzeum, eine Schule für jüdische Kinder, denen der Besuch öffentlicher Schulen verboten ist.

Bereits 1941 trifft Otto Frank Vorbereitungen für ein mögliches Untertauchen. Seine Mitarbeiter Victor Kugler, Jo(hannes) Kleiman, Miep Gies und Bep Voskuijl helfen ihm, für seine Familie und die seines Teilhabers, Hermann van Pels, in den zwei oberen Etagen des Anbaus hinter dem Gebäude Prinsengracht 263, in dem die Firma ihren Sitz hat, ein Versteck vorzubereiten.

Am 5. Juli 1942 erhält Margot Frank den gefürchteten Aufruf, sich zum Arbeitseinsatz zu melden. Am nächsten Tag in aller Frühe suchen die Franks ihr Versteck im Hinterhaus auf. Eine Woche später folgen Hermann und Auguste van Pels mit ihrem Sohn Peter und im November kommt noch der Zahnarzt Fritz Pfeffer hinzu.

In dem Tagebuch, das Anne von ihrem Vater zum 13. Geburtstag am 12. Juni 1942 bekommen hat, notiert sie ihre Gedanken sowie Alltagsbegebenheiten aus dem Hinterhaus. Nach einer Weile beginnt sie, ihre Tagebucheinträge in Briefform abzufassen; die Briefe richtet sie an „Kitty" – eine Figur aus einem bekannten Jugendroman, den Anne sehr mag. Nachdem sie im Rundfunk hört, dass Briefe und Tagebücher über das Leben unter der deutschen Besatzung nach dem Krieg veröffentlicht werden sollen, beschließt sie, ihre Aufzeichnungen im Hinblick darauf zu überarbeiten. Sie gestaltet die Texte eher romanhaft und ändert

die Namen der „Figuren": So werden zum Beispiel aus „Kugler" und „Kleiman" „Kraler" und „Koophuis", den Namen „van Pels" ändert sie in „van Daan", aus „Pfeffer" wird „Dussel" und „Bep Voskuijl" nennt sie „Elli Vossen".

165

167

165 Der Anbau hinter dem Gebäude Prinsengracht 263

166 Die acht Unter-getauchten (von links nach rechts, von oben nach unten): Otto, Edith, Anne und Margot Frank; Hermann und Auguste van Pels, ihr Sohn Peter und Fritz Pfeffer.

167 Die Helfer der Unter-getauchten (von links nach rechts): Jo Kleiman, Miep Gies, Bep Voskuijl und Victor Kugler

168 Anne Franks Zimmer. Ihr Tagebucheintrag vom 11. Juli 1942 lautet: „Unser Zimmer war mit seinen nackten Wänden bis jetzt noch sehr kahl. Dank Vater, der meine ganze Postkarten- und Filmstarsammlung schon vorher mitgenommen hatte, habe ich mit Leimtopf und Pinsel die ganze Wand bestrichen und aus dem Zimmer ein einziges Bild gemacht. Es sieht viel fröhlicher aus."

169 Am 21. August 1942 schreibt Anne: „Unser Versteck ist nun erst ein richtiges Versteck geworden. Herr Kugler fand es nämlich besser, vor unsere Zugangstür einen Schrank zu stellen (weil viele Hausdurchsuchungen gemacht werden, um versteckte Fahrräder zu finden), aber natürlich einen Schrank, der drehbar ist und wie eine Tür aufgeht. Herr Voskuijl hat das Ding geschreinert. (Wir haben ihn inzwischen über die sieben Untergetauchten informiert, und er ist die Hilfsbereitschaft selbst.)" Auf diesem Foto steht Jo Kleiman neben dem Regal.

170 Der Dachboden, wo Anne oft in ihr Tagebuch schreibt

171 Luftaufnahme aus neuerer Zeit: die Prinsengracht mit dem Hinterhaus (Pfeil) nahe der Westerkerk. Am 11. Juli 1942 schreibt Anne: „Vater, Mutter und Margot können sich noch immer nicht an das Geräusch der Westerturmglocke gewöhnen, die jede Viertelstunde angibt, wie spät es ist. Ich schon, mir hat es sofort gefallen, und besonders nachts ist es so etwas Vertrautes."

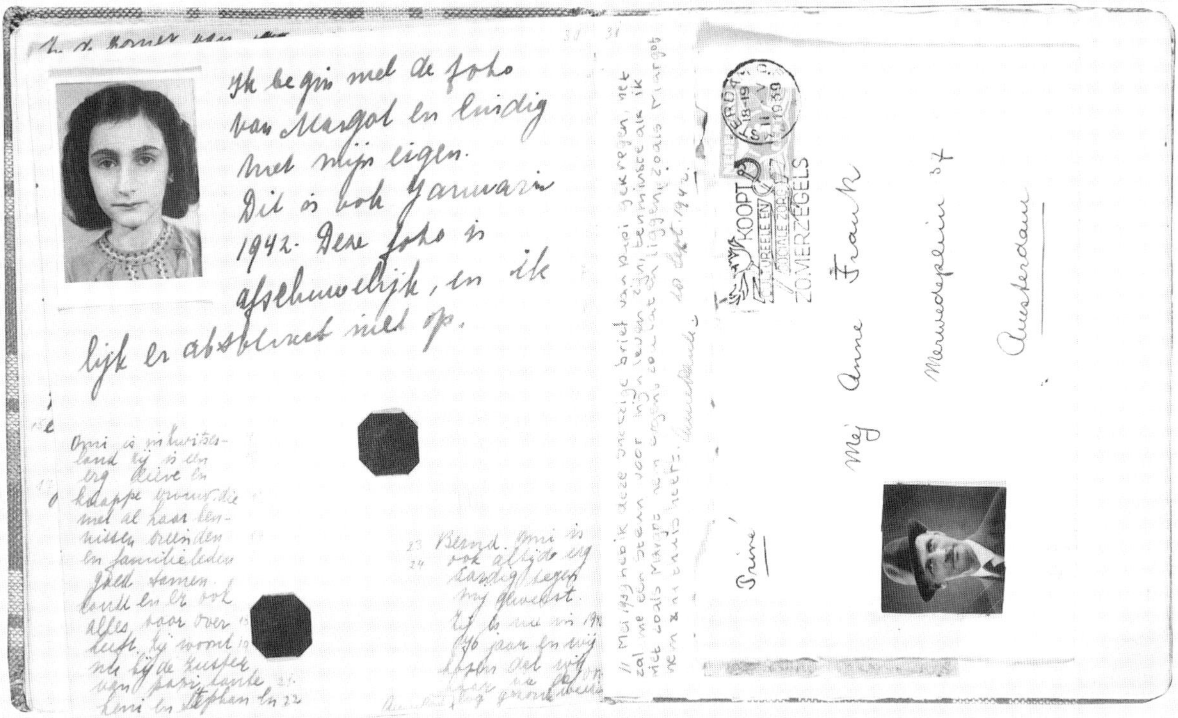

172 Eine Seite aus Anne Franks Tagebuch

173 Am 24. Dezember 1943 schreibt Anne: „Glaub mir, wenn man eineinhalb Jahre eingeschlossen sitzt, kann es einem an manchen Tagen mal zu viel werden, ob es nun berechtigt oder undankbar ist. Gefühle lassen sich nicht zur Seite schieben. Rad fahren, tanzen, pfeifen, die Welt sehen, mich jung fühlen, wissen, dass ich frei bin – danach sehne ich mich. Und doch darf ich es nicht zeigen. Denn stell dir vor, wenn wir alle acht anfingen, uns zu beklagen oder unzufriedene Gesichter zu machen, wohin sollte das führen?"

Die Schlinge zieht sich zu

Ab Herbst 1942 zeichnet sich eine Wende in dem seit 1939 herrschenden Zweiten Weltkriegs zu Ungunsten der Deutschen ab. Alliierte Truppen erobern Teile Nordafrikas zurück, die Russen starten eine erfolgreiche Gegenoffensive und der italienische Diktator Mussolini wird gestürzt. All dies macht der niederländischen Widerstandsbewegung Mut. Zugleich aber verschärfen die Nationalsozialisten ihre Maßnahmen gegen die Niederländer. Ab Sommer 1944 werden hunderte Widerstandskämpfer hingerichtet.

Im September 1944 beträgt die Einwohnerzahl der Niederlande etwa neun Millionen. Rund 250 000 nichtjüdische Niederländer sind untergetaucht, 12 500 befinden sich in Kriegsgefangenschaft, 7000 sind als politische Häftlinge interniert und 300 000 verrichten Zwangsarbeit. Weitere 900 000 sind geflüchtet, um dem Arbeitseinsatz in Deutschland zu entgehen.

174

176

174 Ein Verräter ist erschossen worden. Innerhalb der Widerstandsbewegung ist man sich uneinig, ob Verräter liquidiert werden dürfen.

175 In den Jahren 1943 und 1944 werden viele tausend Niederländer zur Zwangsarbeit nach Deutschland verschleppt.

176 Viele Jugendliche und Männer tauchen auf dem Land unter, um sich dem Zugriff der Nazis zu entziehen.

Die Deportationen gehen weiter

Im Juli 1942 finden die ersten acht Transporte niederländischer Juden von Amsterdam nach Westerbork statt. Westerbork ist aber nur eine Durchgangsstation auf dem Weg in die Vernichtungslager in Polen. Hauptsächlich nach Auschwitz, Birkenau und Sobibor werden wöchentlich Menschen deportiert, später gehen auch Transporte nach Bergen-Belsen und Theresienstadt. Die Razzien und Abtransporte finden zumeist bei Dunkelheit statt; die in Amsterdam Verhafteten werden zunächst ins Theater „Joodsche Schouwburg" (das als Sammelstelle dient) und dann nach Westerbork gebracht. Dort verbringen sie meist mehrere Wochen, manchmal sogar über ein Jahr. 1943 häufen sich die Transporte – das Lager ist ständig überfüllt und die Lebensumstände verschlechtern sich rapide.

Mittlerweile versuchen viele, sich der Deportation zu entziehen, indem sie bemüht sind, sich Visa in außereuropäische Staaten zu beschaffen. Manche können sich sogar ausländische Pässe beschaffen und sind damit gerettet. Andere bemühen sich nachzuweisen, dass ihre Vorfahren schon vor Generationen zum Christentum übergetreten sind.
Wer untertauchen kann oder in einer Mischehe lebt, hat bessere Chancen als andere, nicht deportiert zu werden. Insgesamt aber sind die Möglichkeiten sehr begrenzt und es stehen kaum noch Fluchtwege offen. Für die meisten Juden wird wegen der Razzien das Leben zur Qual. Im September 1944 verlassen die letzten Transporte die Niederlande.

177

177 Amsterdam, 26. Mai 1943: Verhaftete warten auf den Abtransport nach Westerbork. Das Foto wurde für eine SS-Zeitschrift gemacht.

178 Juden, die nach Westerbork gebracht werden sollen, vor dem Amsterdamer Bahnhof Muiderpoort

179 Ankunft in Westerbork

178

179

Die „Endlösung"

1941 fassen führende Nazis den Beschluss,
„Europa von Juden zu säubern". Den durch Ost-
europa vorrückenden deutschen Truppen folgen
„Einsatzgruppen" genannte SS-Einheiten, die
Massenexekutionen vornehmen: Sie erschießen
über eine Million Juden. Am 20. Januar 1942
findet in Berlin unter dem Vorsitz Reinhard
Heydrichs die Wannsee-Konferenz statt. Dort
wird die so genannte „Endlösung der Judenfrage"
geplant – die systematische Ermordung der elf
Millionen europäischen Juden.
Die Nazis bauen Vernichtungslager (Konzentra-
tionslager). Viele deportierte Juden – meistens
Mütter, Kinder und ältere Menschen – werden
gleich nach der Ankunft in diesen Lagern in die
Gaskammern getrieben. Die übrigen müssen
Schwerstarbeit verrichten, bis sie an Erschöpfung,
Unterernährung oder Krankheiten sterben. Etwa
sechs Millionen Juden kommen in den Lagern
um.
Außer ihnen sterben dort noch unzählige andere
Opfer der Nationalsozialisten: Kommunisten,
Priester, Homosexuelle, Zeugen Jehovas, so
genannte Asoziale, russische Kriegsgefangene
und mehrere hunderttausend Sinti und Roma.

180

180 Niederländische Juden werden in Zügen von Westerbork in die Vernichtungslager in Polen transportiert.

181 In Osteuropa werden Juden von SS-„Einsatzgruppen" zusammengetrieben und ermordet.

182 Ungarische Juden werden bei der Ankunft in Auschwitz in zwei Gruppen eingeteilt („selektiert"): nach Arbeitsfähigen und nach Personen, die sofort vergast werden (rechts im Bild: der SS-Arzt Josef Mengele, der grausame medizinische Experimente an Menschen vornimmt).

183 In der Nähe von Auschwitz betreibt der Chemiekonzern IG Farben ein großes Werk. Die Todesrate unter den Gefangenen, die dort Zwangsarbeit verrichten, ist extrem hoch.

184 Wer bei der „Selektion" für arbeitsfähig befunden wird, bekommt eine Nummer auf den Arm tätowiert. Diese Zigeunerin gehört zu den wenigen, die die Vernichtungslager überlebten.

185 Aufseher im KZ Dachau. Dachau dient anfangs als Lager für politische Häftlinge, später werden auch Juden dorthin gebracht.

Die letzten Monate der Familie Frank

Am 4. August 1944 wird der Sicherheitsdienst in Amsterdam anonym über die in der Prinsengracht 243 versteckten Juden informiert. Begleitet von mehreren niederländischen Nationalsozialisten fällt der SS-Oberscharführer Karl Josef Silberbauer ins Hinterhaus ein. Alle Menschen, die im Versteck gelebt haben, werden verhaftet, ins Durchgangslager Westerbork gebracht und von dort aus am 3. September 1944 mit dem letzten Zug nach Auschwitz deportiert.

Als Einziger überlebt Otto Frank die Lagerhaft – er wird im Januar 1945 von sowjetischen Truppen befreit. Hermann van Pels wird im Oktober oder November 1944 in Auschwitz vergast. Edith Frank stirbt am 6. Januar 1945 an Unterernährung und Erschöpfung, ebenfalls in Auschwitz.

Als die Russen näher rücken, beginnen die Nazis, das Lager zu räumen: Peter van Pels kommt im Zuge der Räumung ins österreichische KZ Mauthausen, wo er am 5. Mai 1945 stirbt. Fritz Pfeffer stirbt am 20. Dezember 1944 im KZ Neuengamme.

Margot und Anne Frank kommen Ende Oktober 1944 von Auschwitz wieder nach Deutschland in das von Infektionskrankheiten heimgesuchte KZ Bergen-Belsen. Sie bekommen beide Typhus und sterben kurz nacheinander im März 1945, nur wenige Wochen, bevor das Lager im April 1945 befreit wird. Auch Auguste van Pels ist eine Zeit lang in Bergen-Belsen, wird dann aber nach Theresienstadt gebracht, wo sie im April 1945 stirbt.

186

186 Das Zugschild der Transporte Westerbork-Auschwitz

187 Die Transportliste des letzten Zuges am 3. September 1944 von Westerbork nach Auschwitz mit den Namen der Familie Frank

5   3 September   4 ' Blatt

JUDENTRANSPORT AUS DEN NIEDERLANDEN - LAGER WESTERBORK

<u>Haeftlinge</u>

301.✓Engers	Isidor — ✓30.4. 93 –	Kaufmann
302✓ Engers	Leonard	15.6. 20 –	Lamdarbeiter
303✓ Franco	Manfred – ✓1.5. 05 –	Verleger
304. Frank	Arthur	22.8. 81	Kaufmann
305. Frank ×	Isaac	✓29.11.87	Installateur
306. Frank	Margot	16.2. 26	ohne
307. Frank ✓	Otto	✓12.5. 89	Kaufmann
308.✓ Frank-Hollaender	Edith	16.1. 00	ohne
309. Frank	Anneliese 12.6. 29	ohne
310. v.Franck	Sara –	27.4. 02–	Typistin
311. Franken	Rozanna	16.5. 96 –	Landarbeiter
312.✓ Franken-Weyand	Johanna	24.12.96✓	Landbauer
313. Franken	Hermann – ✓12.5.34	ohne
314. Franken	Louis	10.8. 17–	Gaertner
315. Franken R	Rosalina 29.3. 27	Landbau
316. Frankfort	Alex	14.11.19–	Dr.i.d.Oekonomie
317. Frankfort-Elsas	Regina	11.12.19	Apoth-.Ass.
318. Frankfoort ×	Elias	✓22.10.98 –	Schneider
319.✓Frankfort R	Max	20.6. 21	Schneider
320.✓Frankfort-Weijl R	Hetty	29.3. 24	Naeherin
321.✓Frankfort-Werkendam R Rosette 24.6.98	Schriftstellerin
322.✓Frijda	Hermann	22.6. 87 –	Hochschullehrer
323. Frenk	Henriette 28.4. 21	Typistin
324. Frenk R	Rosa	15.3.24	Haushalthilfe
325. Friezer	Isaac	10.3. 20 –	Korrespondent
326.✓Fruitman-Vlessche-		
drager R Fanny	24.1. 03	ohne
327. Gans ×	Elie	✓24.10.03–	Betriebleiter
328. Gans-Koopman R	Gesina	20.12.05	Maschinestrickerin
329. Gans	Kalman –	6.3. 79	Diamantarbeiter
330. Gans R	Klara	12.5. 13	Naeherin
331. Gans ·	Paul –	27.9. 08 –	Landbauer
332. v.Gelder	Abraham – 9.11.78	Metzger
333. v.Gelder-de Jong	Reintje	22.10.81	ohne
334. v.Gelder	Alexander 27.6. 03 –	Kaufmann

Juni 1944 – Das Blatt wendet sich

Am 6. Juni 1944 – dem so genannten „D-Day" – beginnt die Invasion der Alliierten: Briten, Kanadier und Amerikaner landen an der Küste der Normandie. Am 25. August nehmen sie Paris ein und am 4. September Brüssel. Am 5. September 1944 erreichen sie die Niederlande. Es dauert jedoch noch mehrere Monate, bis das Land ganz befreit ist.

Trotz des erbitterten Widerstands der Wehrmacht besetzen die Alliierten im Oktober 1944 Aachen als erste deutsche Stadt. Am 7. März 1945 überqueren Amerikaner bei Remagen den Rhein. In Osteuropa rückt die sowjetische Rote Armee westwärts nach Deutschland vor. Am 9. Mai 1945 kapituliert die deutsche Wehrmacht bedingungslos vor den Alliierten in Berlin.

188

191

189

190

188 Landung der Alliierten in der Normandie am 6. Juni 1944

189 Nach Ankunft der Alliierten verlassen viele NSB-Mitglieder die Niederlande; das Foto entstand im Bahnhof von Den Haag.

190 Vergeblich werden in Rijswijk am 5. September 1944 die alliierten Truppen erwartet.

191 Alliierte Soldaten verteilen Kaugummi unter der Bevölkerung.

Der Hungerwinter 1944

Der Optimismus der Niederländer ist verfrüht; bevor ihr Land vollständig befreit wird, steht ihnen weiteres Leiden bevor.

Im September 1944 ruft die niederländische Exilregierung von London aus zu einem Eisenbahnerstreik auf. Daraufhin verbieten die Besatzer alle Lebensmittellieferungen in die großen Städte. Die Notlage für die Einwohner spitzt sich zu, als die Deutschen auch noch Lebensmittel beschlagnahmen und keine Brennstoffe wie Kohle mehr in die Städte gelangen.

Die Leute verheizen alles Brennbare und essen alles Essbare, sogar Tulpenzwiebeln. Tausende Kinder werden aufs Land geschickt, wo die Ernährungslage etwas besser ist. Während des Winters verhungern 22 000 Menschen und zehntausende leiden unter schweren Mangelerscheinungen. Die Besatzer transportieren unterdessen alles, was ihnen wertvoll oder brauchbar erscheint, nach Deutschland: Vieh, Fahrräder, Maschinen aus Industriebetrieben sowie Straßenbahnwagen.

192

193

194

195

192 Kinder transportieren eine alte Tür zum Verheizen nach Hause.

193 Selbst Türzargen aus der eigenen Wohnung müssen als Brennholz herhalten.

194 Hungernde Kinder

195 Viele bieten auf dem Land Wertgegenstände im Tausch gegen Lebensmittel an.

Die Befreiung der Niederlande

Im April 1945 werfen britische Flugzeuge über den Niederlanden Lebensmittelpakete ab, um die Hungersnot zu lindern. Dank dieser Maßnahme können tausende überleben. Wenige Wochen später haben die alliierten Truppen das ganze Land befreit; der Krieg ist zu Ende. Während man das Ende der Besatzung feiert, werden die ersten NSB-Leute und Kollaborateure verhaftet. Über 75 Prozent der niederländischen Juden –

mehr als 100 000 Menschen – sind während des Kriegs umgekommen. Von den 24 000 untergetauchten Juden erleben 16 000 die Befreiung, die übrigen 8000 wurden verraten oder auf andere Weise entdeckt, deportiert und in Lagern umgebracht. Im Mai und Juni des Jahres 1945 wird überall in den Niederlanden die Befreiung gefeiert, zugleich aber beginnt die bange Suche nach vermissten Familienangehörigen und Freunden.

196

197

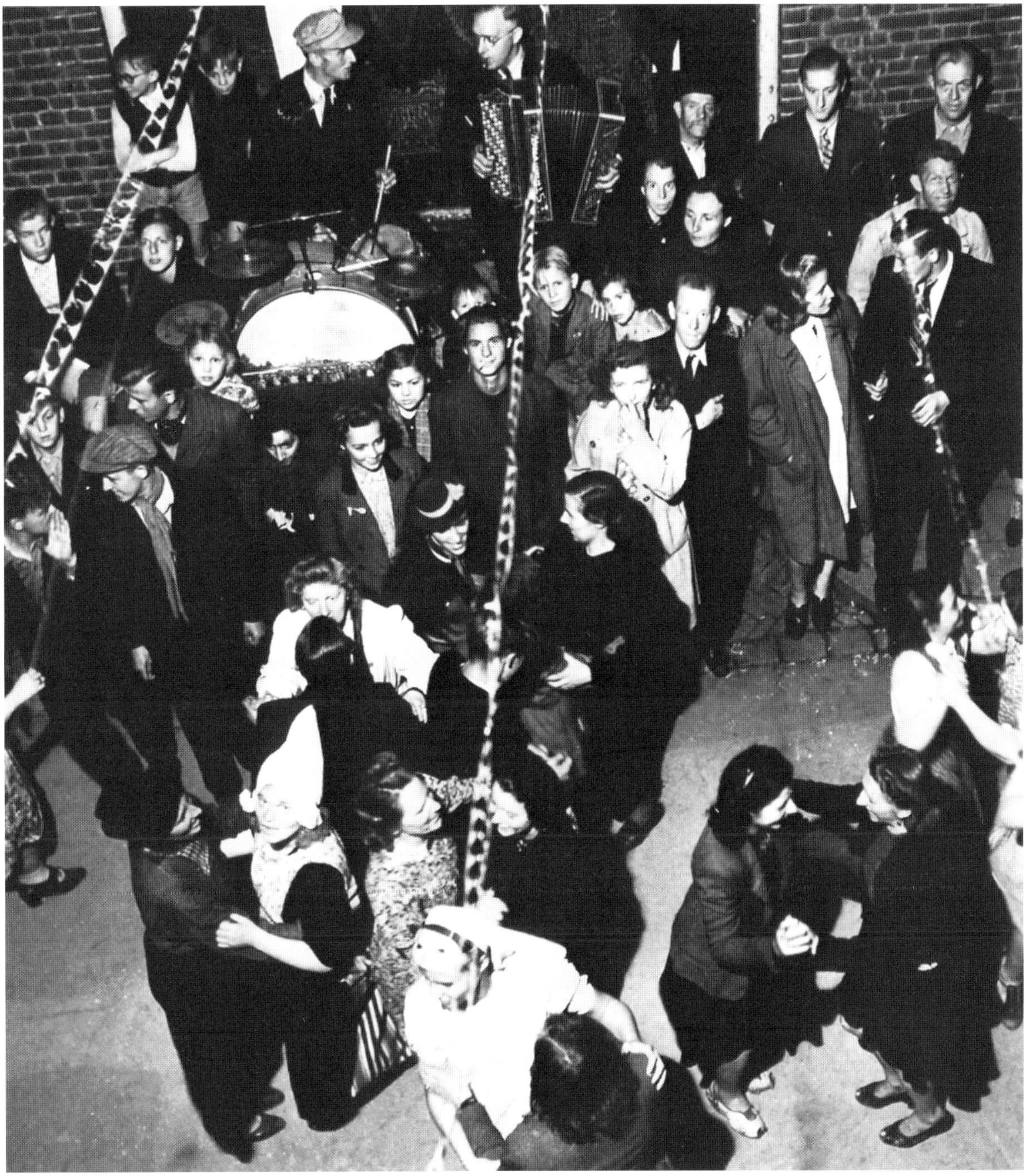

196 Am 30. April 1945 werfen britische Bomber über Rotterdam Lebensmittelpakete ab.

197 In Amsterdam feiert man die Befreiung.

Die Befreiung der Konzentrationslager

Als zu Beginn des Jahres 1945 die Rote Armee von Osten her und die Westalliierten aus der Gegenrichtung nach Deutschland vorrücken, beginnen die Nazis mit der Räumung der Vernichtungslager, um die Geschehnisse dort zu verschleiern.

Am 27. Januar 1945 befreien Truppen der Roten Armee unter Führung von General Zhukov das KZ Auschwitz. Kurz bevor die Russen dieses und andere Lager in Polen erreichen, zwingen die Wachmannschaften hunderttausende von Häftlingen zu langen Fußmärschen durch Schnee und Regen in Richtung Deutschland. Viele sind den Strapazen nicht gewachsen und sterben unterwegs. Die Zustände in den nunmehr hoffnungslos überfüllten Lagern in Deutschland sind katastrophal. Heinrich Himmler, dem die Konzentrationslager unterstehen, gibt – vermutlich, um die eigene Haut zu retten – noch offiziell Befehl zur Einstellung der Tötungen.

Die Alliierten finden in den deutschen Lagern unbeschreibliche Zustände vor – Grauen erregende Szenen von Sterben, Hunger und Krankheit. Für die Überlebenden beginnt nun der oft lange Weg nach Hause und für viele gerät die Heimkehr zur bitteren Enttäuschung: Verwandte und Freunde sind tot, Häuser von Fremden bewohnt und der Besitz geraubt. Etliche müssen erleben, dass die Menschen in ihrer Umgebung das Ausmaß ihres Leidens in den Lagern nicht begreifen können oder wollen.

Nur 4700 von den 110 000 deportierten Juden kehren aus den Lagern in die Niederlande zurück.

198

199

198 Am 30. April 1945 wird das KZ Dachau von amerikanischen Truppen befreit.

199 Nachdem das Lager Bergen-Belsen, in dem Anne und Margot Frank starben, im April 1945 befreit ist, werden die Baracken wegen Typhusgefahr niedergebrannt.

200 Überlebende aus den KZs kommen zeitweilig in Hotels und Schulen unter.

Das Kriegsende in Europa

In den letzten Kriegsmonaten werden deutsche Großstädte mit Bombenteppichen belegt, was schließlich mit zur Kapitulation führt. Hitler erschießt sich am 30. April 1945 in Berlin, am nächsten Tag tötet Goebbels seine Ehefrau und sich selbst, nachdem er die sechs gemeinsamen Kinder vergiftet hat. Viele führende Nazis werden verhaftet und verurteilt, manche können sich dem durch Flucht entziehen. Im Auftrag von Großadmiral Karl Dönitz, den Hitler zu seinem Nachfolger bestimmt hat, unterzeichnet Generaloberst Alfred Jodl am 7. Mai 1945 die Gesamtkapitulation Deutschlands; am Tag darauf unterzeichnet Generalfeldmarschall Wilhelm Keitel die bedingungslose Kapitulation der deutschen Wehrmacht. Vom 8. Mai 1945 an untersteht Deutschland den Russen, Amerikanern, Briten sowie den Franzosen. Dönitz wird bei den „Nürnberger Prozessen" 1946 zu zehn Jahren Haftstrafe verurteilt, für Jodl und Keitel wird die Todesstrafe verhängt und vollstreckt.

Im Fernen Osten dauert der Krieg weiter an. Am 2. September kapituliert Japan bedingungslos, nachdem die Amerikaner Atombomben auf die Städte Hiroshima und Nagasaki abgeworfen haben.

201

202

201 Ein Willkommensplakat der Amerikaner für die Russen in Deutschland

202 Amerikanische und sowjetische Soldaten treffen bei Torgau an der Elbe zusammen.

203 Frankfurt liegt in Schutt und Asche.

204 In den letzten Kriegwochen werden auch 15- und 16-Jährige zur Wehrmacht eingezogen.

205 Überlebende Juden aus dem befreiten Lager Theresienstadt in Böhmen (heute Tschechien) kehren nach Frankfurt zurück.

203

204

205

Das Tagebuch der Anne Frank

Otto Frank kehrt am 3. Juni 1945 auf Umwegen nach Amsterdam zurück. Er erfährt unterwegs, dass seine Frau tot ist. Über das Schicksal seiner Töchter erhält er erst später Aufschluss. Als sich herausstellt, dass Otto Frank der einzige Überlebende der Familie ist, übergibt ihm seine Mitarbeiterin Miep Gies Annes Tagebuchnotizen und die Fotoalben der Familie, die sie vor der Räumung des Hinterhauses in Sicherheit gebracht hat.

Auf den Rat von Freunden hin entschließt sich Otto Frank, Annes Tagebuch zu veröffentlichen: 1947 erscheint die erste Auflage unter dem Titel „Het Achterhuis" („Das Hinterhaus"). Seitdem wurde das Buch in über 55 verschiedene Sprachen übersetzt und weltweit in mehr als 25 Millionen Exemplaren verkauft.

Das Anwesen Prinsengracht 263, in dem Anne und die anderen untergetaucht waren, ist heute ein Museum; geleitet wird es von der 1957 gegründeten Organisation „Anne Frank Haus". Sie sorgt nicht nur dafür, dass das Hinterhaus erhalten bleibt, sondern erstellt auch Unterrichts- und Informationsmaterial, das einen Beitrag zur Bekämpfung von Antisemitismus, Rassismus und Faschismus leisten soll.

206 Am 10. November 1953 heiratet Otto Frank in Amsterdam. Seine zweite Frau, Elfriede Markovits, stammt aus Wien. Wie Otto Frank hat sie Auschwitz überlebt; ihr Mann und ihr Sohn sind in Lagern umgekommen. Das Ehepaar zieht in die Schweiz, wo Otto Frank den „Anne-Frank-Fonds" gründet. Am 19. August 1980 stirbt er im Alter von 91 Jahren.

207 Otto Frank lässt in der niederländischen Zeitung „Het Vrije Volk" („Das freie Volk") vom 1. August 1945 eine Suchmeldung über den Verbleib seiner Töchter Margot und Anne drucken.

206

" wette-
n dien.
Deurw.

IA
rond 7
net
JN
oouw te
oop bij
ssen en
an het

voetbal-
voor de
RREIN-
terdags
A 2010.

ING te
gt voor
n haar
VOOR-
rksters.
ert. bur.
272,

ECHT-
ekt 2 à
rs met
genheid
maken
omgev.
Suma-

CH—
in ver-

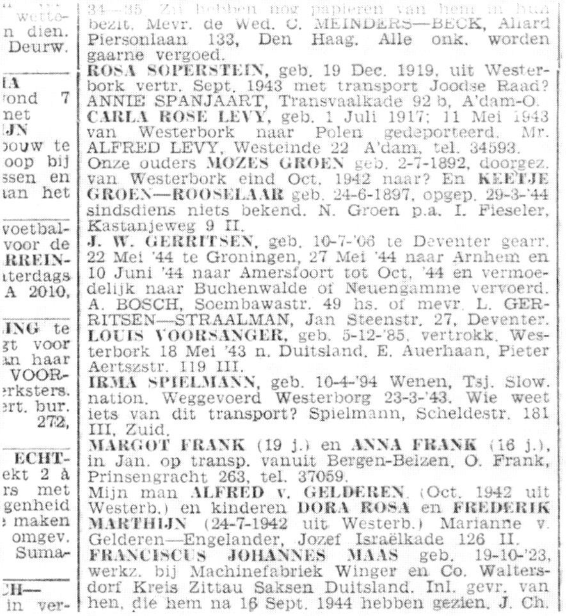

34.—35 Zij hebben nog papieren van hem in hun
bezit. Mevr. de Wed. C. MEINDERS—BECK, Allard
Piersonlaan 133, Den Haag. Alle onk. worden
gaarne vergoed.
ROSA SOPERSTEIN, geb. 19 Dec. 1919, uit Wester-
bork vertr. Sept. 1943 met transport Joodse Raad?
ANNIE SPANJAART, Transvaalkade 92 b, A'dam-O.
CARLA ROSE LEVY, geb. 1 Juli 1917; 11 Mei 1943
van Westerbork naar Polen gedeporteerd. Mr.
ALFRED LEVY, Westeinde 22 A'dam, tel. 34593.
Onze ouders MOZES GROEN geb. 2-7-1892, doorgez.
van Westerbork eind Oct. 1942 naar? En KEETJE
GROEN—ROOSELAAR geb. 24-6-1897, opgep. 29-3-'44
sindsdiens niets bekend. N. Groen p.a. I. Fieseler,
Kastanjeweg 9 II.
J. W. GERRITSEN, geb. 10-7-'06 te Deventer gearr.
22 Mei '44 te Groningen, 27 Mei '44 naar Arnhem en
10 Juni '44 naar Amersfoort tot Oct. '44 en vermoe-
delijk naar Buchenwalde of Neuengamme vervoerd.
A. BOSCH, Soembawastr. 49 hs. of mevr. L. GER-
RITSEN—STRAALMAN, Jan Steenstr. 27, Deventer.
LOUIS VOORSANGER, geb. 5-12-'85, vertrokk. Wes-
terbork 18 Mei '43 n. Duitsland. E. Auerhaan, Pieter
Aertszstr. 119 III.
IRMA SPIELMANN, geb. 10-4-'94 Wenen, Tsj. Slow.
nation. Weggevoerd Westerborg 23-3-'43. Wie weet
iets van dit transport? Spielmann, Scheldestr. 181
III, Zuid.
MARGOT FRANK (19 j.) en ANNA FRANK (16 j.),
in Jan. op transp. vanuit Bergen-Belzen. O. Frank,
Prinsengracht 263, tel. 37059.
Mijn man ALFRED v. GELDEREN, (Oct. 1942 uit
Westerb.) en kinderen DORA ROSA en FREDERIK
MARTHIJN (24-7-1942 uit Westerb.) Marianne v.
Gelderen—Engelander, Jozef Israëlkade 126 II.
FRANCISCUS JOHANNES MAAS geb. 19-10-'23,
werkz. bij Machinefabriek Winger en Co. Walters-
dorf Kreis Zittau Saksen Duitsland. Inl. gevr. van
hen, die hem na 16 Sept. 1944 hebben gezien, J. Ch.

209 Miep Gies (zweite von links) und ihr Ehemann Jan zeigen Schülern aus Manchester (Großbritannien) die Räume im Hinterhaus (Mai 1987). Sie hatten einen Malwettbewerb zum Thema Diskrimierung gewonnen.

208 Der Umschlag der niederländischen Erstausgabe von Annes Tagebuch

Nationalsozialismus nach dem Krieg und Leugnung des Holocausts

Das nationalsozialistische Deutschland wurde 1945 besiegt, doch damit war die Ideologie der Nazis keineswegs verschwunden. Neonazis in vielen Ländern hängen ihr nach wie vor an; manche von ihnen bestreiten sogar, dass die Ermordung der Juden (Holocaust) stattgefunden hat. Einige Vertreter nationalsozialistischen Gedankenguts schließen sich auch zu politischen Parteien zusammen; sie vermeiden allerdings den Gebrauch der Nazi-Sprache in der Öffentlichkeit, weil das Wähler abschrecken könnte. Andere wiederum tragen Nazisymbole bewusst zur Schau, um die Aufmerksamkeit der Medien auf sich zu lenken, und versuchen, Zweifel an der Judenverfolgung zu verbreiten.

210

210 Etwa 1500 Neonazis marschieren nach dem Begräbnis ihres Anführers Rainer Sontag auf (Dresden 1991).

211 Im April 2000 verliert der britische Schriftsteller und Bestseller-Autor David Irving einen Verleumdungsprozess gegen die amerikanische Historikerin Deborah Lipstadt, die ihn als Leugner des Holocausts bezeichnet hatte. Im Richterspruch heißt es: „Kein objektiver, an Fairness interessierter Historiker kann nun noch bezweifeln, dass es in Auschwitz Gaskammern gab und dass in ihnen hunderttausende von Juden umgebracht wurden." Das Urteil hält die Klägerin für einen „Sieg für alle, die sich gegen Hass und Vorurteile ausgesprochen haben".

211

Antisemitismus heute

Antisemitismus bezeichnet alle religiösen, sozialen und kulturellen Vorurteile gegenüber Juden. Judenfeindschaft gab es schon vor den Nationalsozialisten und sie verschwand keineswegs mit dem Zusammenbruch des Dritten Reichs.

Immer wieder tauchen alte Vorurteile gegen Juden auf. Antisemitische Schriften werden heutzutage in einigen Ländern Osteuropas und des Nahen Ostens frei verkauft oder weltweit im Internet zugänglich gemacht.

212

212 Am 18. Juli 1994 sterben 22 Menschen bei einem Anschlag auf jüdische Einrichtungen in der argentinischen Hauptstadt Buenos Aires.

213 1990 wurde der jüdische Friedhof der Stadt Ihringen (Deutschland, Baden-Württemberg) geschändet. Etwa 4000 Einwohner versammeln sich zu einer Schweige-demonstration.

213

Rassismus und Gewalt

Obwohl wissenschaftlich seit langem erwiesen ist, dass alle Menschen einer einzigen Art angehören, nämlich der des Homo sapiens sapiens, gibt es immer wieder Gruppierungen, die behaupten, dass bestimmte „Menschenrassen" anderen überlegen seien. Diese Einstellung vertritt auch der nach dem amerikanischen Sezessionskrieg 1866 gegründete rechtsextreme Ku-Klux-Klan. Ihm gehören ausschließlich Weiße an, die mit Gewalt gegen die Integration der Schwarzen in die Gesellschaft der USA und Kanada kämpfen.

In Europa richtet sich der Rassismus vor allem gegen Einwanderer und Flüchtlinge; Moscheen, Ausländerwohnheime und Aufnahmezentren für Asylsuchende sind häufig das Ziel rassistisch motivierter Angriffe. Ebenso oft werden Einzelpersonen, die einer dieser Gruppen angehören, schikaniert, bedroht, verprügelt oder sogar ermordet. Bedenklich ist, dass auch in einigen akademischen Kreisen immer wieder Theorien von minderwertigen und überlegenen „Rassen" thematisiert werden („biologischer Rassismus").

214

214 „Fort mit allen Ausländern" – diese Parole wurde an eine Moschee im niederländichen Huizen geschmiert und steht hier stellvertretend für Rassismus und Ausländerhass (März 1992).

215 Ein asiatischer Junge wurde in London Opfer rassistisch motivierter Gewalt – die lange Narbe an seinem Rücken zeugt von dem Angriff (Juli 1984).

216 In der Berliner U-Bahn greifen Neonazis Vietnamesen an (Berlin 1990).

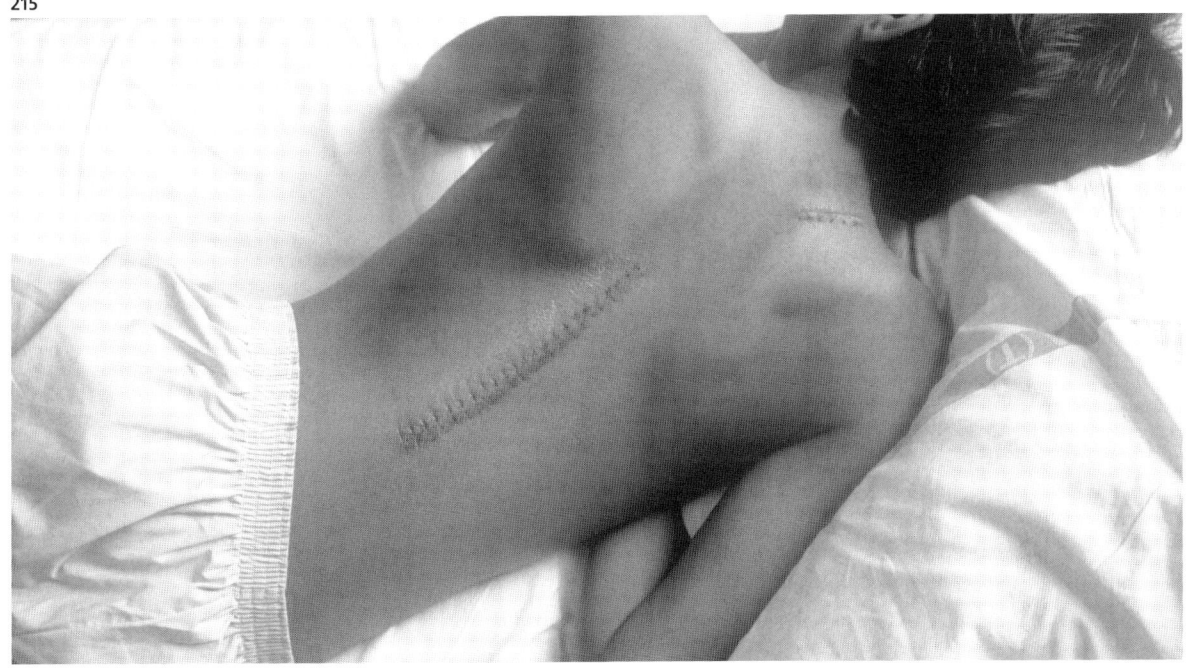

217 Mitglieder des Ku-Klux-Klans – eine rechtsextreme Organisation von Weißen

218 Im April 1993 wird der 18-jährige Stephen Lawrence in London an einer Bushaltestelle von rassistischen Gewalttätern erstochen.

219 Im Mai 1993 sterben bei einem Brandanschlag von Neo-Nazis auf ein von einer türkischen Familie bewohntes Haus in Solingen (Deutschland) zwei Frauen und drei Mädchen.

218

STEPHEN LAWRENCE.

5 years after the murder.

Sir William McPherson, Chairman, The Judicial Inquiry into the murder of Stephen Lawrence 4th Floor, Hannibal House. Elephant and Castle. London SE5.

Family Campaign

Extremer Nationalismus

In jüngster Zeit haben neu gegründete nationalistische Parteien in ganz Europa großen Zulauf. Sie setzen sich für das „eigene Volk" oder die „echten Einwohner" ein, kurzum: für diejenigen, die in ihren Augen „wirklich" zu einer Nation oder einem Staat gehören. Dass sie ihrer Zielsetzung zufolge eine bestimmte Gruppe über andere stellen, bedeutet stets die Ausgrenzung anderer aus dem öffentlichen Leben. Der Übergang zwischen Patriotismus, Nationalismus und der Ausgrenzung anderer kann fließend sein.

Minderheiten sind leichte Ziele für Angriffe, vor allem, wenn sie sich augenfällig von der Mehrheit unterscheiden.
Der Krieg im ehemaligen Jugoslawien hat gezeigt, wie rasch extremer Nationalismus in Verbindung mit Bürgerkrieg das Zusammenleben und Freundschaften – selbst an Orten, wo Menschen mit unterschiedlichem Hintergrund über Generationen friedlich miteinander gelebt haben – zerstören und in Massen- und Völkermord münden kann.

220 Eine Demonstration des „Vlaams Blok" („Flämischer Block"), einer rechtsextremen Partei in Belgien

220

221

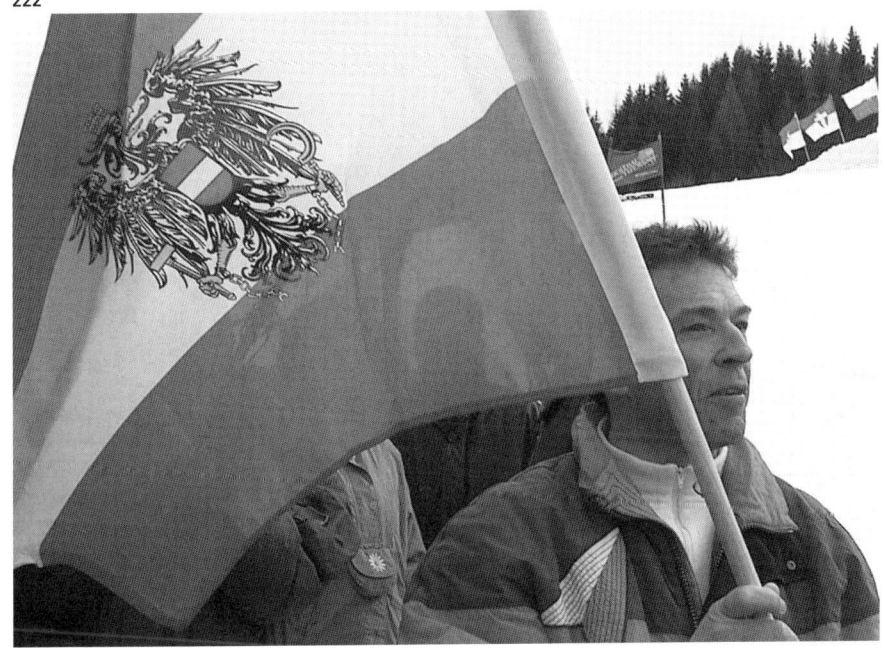

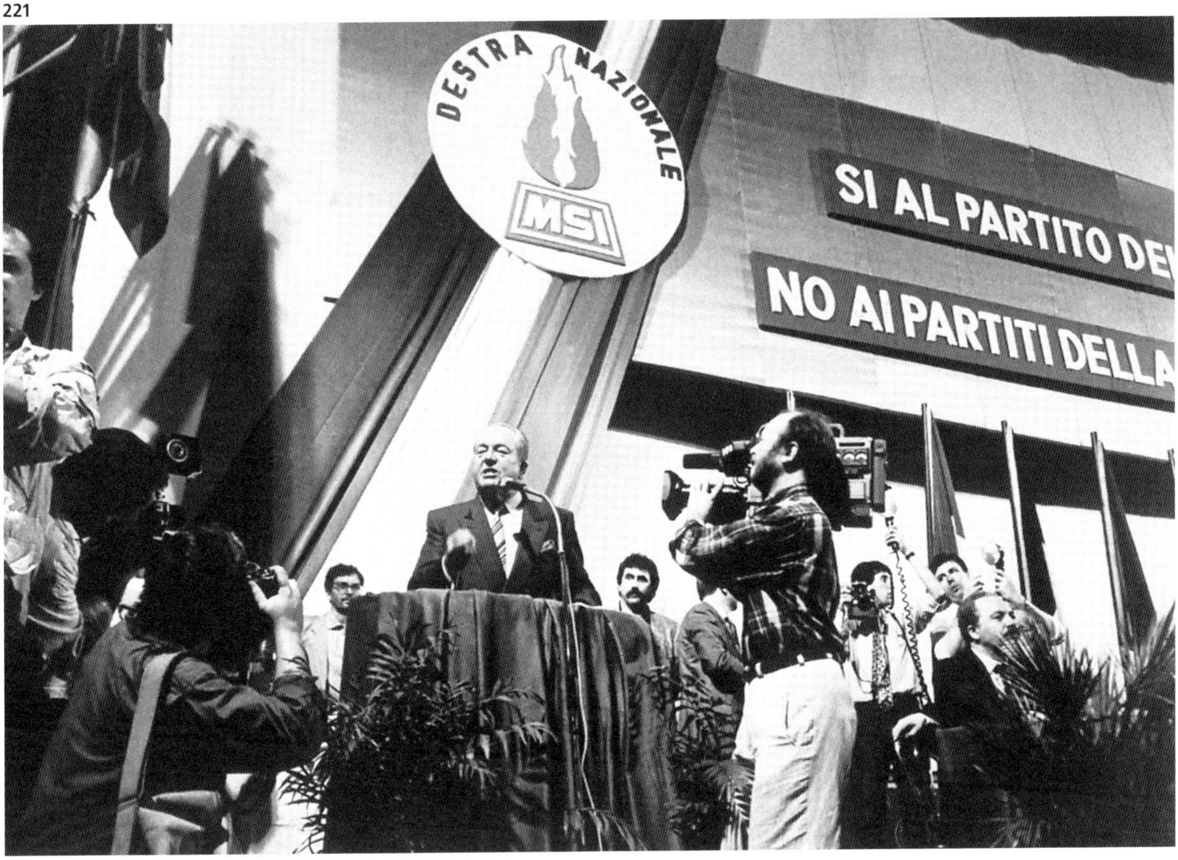

222

221 Jean-Marie Le Pen führt die rechtsextreme französische Partei „Front National" („Nationalfront") an.

222 Jörg Haider von der rechtsgerichteten „Freiheitlichen Partei Österreichs" (FPÖ) mit der österreichischen Nationalfahne in Klagenfurt an seinem 50. Geburtstag (Januar 2000).

223 Wladimir Schirinowski ist Chef der extremen
nationalistischen russischen Partei der „Liberaldemokraten"
(Januar 1994).

224 Die Folgen eines aggressiven Nationalismus: Während
des Krieges im ehemaligen Jugoslawien kam es innerhalb
der verschiedenen Siedlungsgebiete zu so genannten
„ethnischen Säuberungen". Minderheiten wurden getötet
oder vertrieben, um ethnisch einheitliche Gebiete zu
schaffen. In Srebrenica (Bosnien) protestieren die Familien
muslimischer Männer, die zu tausenden von den Serben
entführt und getötet wurden (Juli 1995).

225 Österreichische Jugendliche demonstrieren in Wien
gegen Rassismus und gegen Haiders extrem nationalistische
FPÖ, die seit Februar 2000 zur österreichischen Regierung
gehört (Wien, Februar 2000).

224

Kampf den Vorurteilen

Wohl jedem sind schon Bemerkungen zu Ohren bekommen, die beginnen mit „Alle Juden sind …", „Alle Schwarzen sind …" oder „Alle Schwulen sind …". Solchen Aussagen begegnet man schon als Kind – sei es in Comics, Schulbüchern, Zeitungen oder Filmen. Vorurteile entwickeln sich, wenn an solchen Aussagen festgehalten wird. Vorurteile, wie sie in vielen Alltagsgesprächen auftauchen, können zu politischen Zwecken missbraucht werden. Die systematische Judenverfolgung wurde erst durch weit verbreitete Vorurteile und mangelnden Widerspruch der nichtjüdischen Bevölkerung möglich. Gleiches gilt für die Verfolgung von Zigeunern und Homosexuellen.

Antisemitisch, religiös oder rassistisch begründete Vorurteile bestehen auch heute noch in nahezu allen Ländern der Welt. Sie zu bekämpfen, ist nicht allein die Aufgabe der jeweiligen Regierungen. Jeder Einzelne kann und soll dagegen angehen, ob in der Schule, am Arbeitsplatz, in der Familie oder im Freundes- und Bekanntenkreis.

226

226 „Hier sind Landfahrer unerwünscht" (Straßenschild in Großbritannien, Juli 1999)

227 Der Mann, der hier am Straßenrand auf den Notarzt wartet, wurde bei der Explosion einer Nagelbombe in einer Bar für Homosexuelle im Londoner Stadtteil Soho verletzt. Drei Personen starben bei dem Anschlag im April 1999.

228 Demonstration gegen Rassismus in London (Oktober 1993)

227

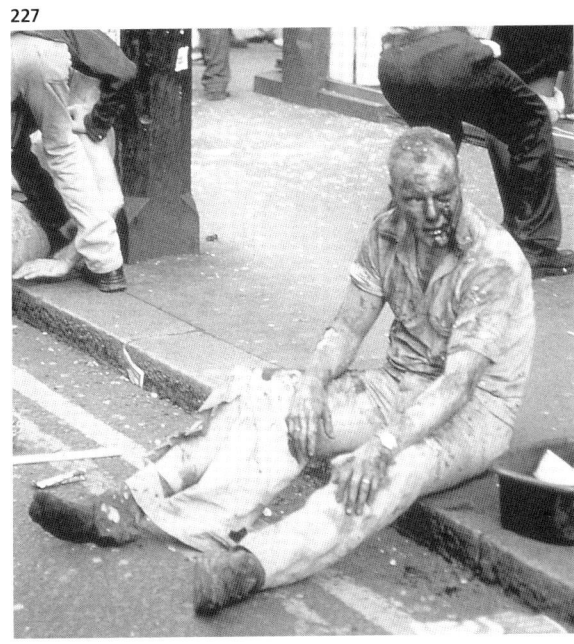

228

Worterklärungen

Antisemitismus: Bezeichnung für eine von religiösen, sozialen und kulturellen Vorurteilen geprägte feindliche Haltung gegenüber Juden

Assimilieren: Anpassung einer Minderheit an Kultur, Religion, Lebensformen und Werte eines Volkes

Boykott: Abbruch aller Beziehungen, um einen Gegner zu schwächen und dadurch eine Veränderung zu erzwingen

D-Day: Codename für den 6. Juni 1944, an dem die Landung der Alliierten in der Normandie begann

Demokratie: Staatsform, in der die Staatsgewalt vom Volk ausgeht (durch Wahlen) und von ihm ausgeübt wird (Recht, politische Ämter zu übernehmen)

Deportation: Verschleppung von Menschen, z. B. in Konzentrationslager

Diktatur: Herrschaftssystem, bei dem die gesamte Macht eines Staates in den Händen eines Einzelnen oder einer Gruppe liegt.

Exodus: Auswanderung, Flucht

Faschismus: Als faschistisch werden alle stark nationalistischen und antidemokratischen Bewegungen bezeichnet.

Getto: In sich geschlossener Stadtteil, in dem die Juden wohnen mussten

Gewerkschaft: Zusammenschluss von Arbeitern zur Vertretung ihrer Rechte und Interessen

Holocaust: Verfolgung und Ermordung der Juden während des Dritten Reichs

Ideologie: Politische Idee, z. B. einer Partei, die ihre Weltvorstellung und ihr Gesellschaftsbild beschreibt und ihr politisches Handeln bestimmt

Inflation: Geldentwertung

Intoleranz: Fehlende Offenheit gegenüber anderen Meinungen oder Kulturen

Kollaboration: Franz. „Zusammenarbeit". Bezeichnung für die freiwillige Zusammenarbeit mit einer feindlichen Macht, die das Heimtland besetzt hat

Kommunismus: Politische Lehre, die eine gerechte klassenlose Gesellschaft zum Ziel hat, in der das private Vermögen abgeschafft ist

Konzentrationslager: Vernichtungslager

Nationalismus: Übersteigertes Nationalgefühl. Nationalistische Parteien verbinden rassistische Vorstellungen und Volkstumsideologien miteinander. Sie lehnen bestimmte Gruppen wegen ihrer Nationalität oder Hautfarbe ab.

Nationalsozialismus: Die nationalistische und rassistische Bewegung und die darauf beruhende faschistische Herrschaft in Deutschland von 1933 bis 1945

Nationalversammlung: Das Parlament der Weimarer Republik

Neonazis: Rechtsextreme Gruppierungen, die Nazisymbole zur Schau tragen, Adolf Hitler verehren und soldatische Tugenden und Leistungen der Waffen-SS verherrlichen.

NSDAP: Abkürzung für die „Nationalsozialistische Deutsche Arbeiterpartei"

Parlament: Gewählte Volksvertretung in Demokratien

Patriotismus: Starke Heimatverbundenheit

Propaganda: Die Beeinflussung der Bevölkerung durch bewusste Gestaltung und Veränderung von Nachrichten und Informationen im Interesse des Staates

Rechtsextremismus: Politische Parteien oder Gruppierungen, deren Ideologie auf rassistischen, antisemitischen oder ausländerfeindlichen Vorurteilen beruht

Sterilisieren: Einen Menschen durch eine Operation unfruchtbar machen

Versailler Vertrag: Friedensvertrag nach dem Ersten Weltkrieg, in dem die Siegermächte harte Bedingungen für Deutschland festsetzen: hohe Entschädigungsleistungen, Reduzierung der Reichswehr und Abtretung von Gebieten.

Weimarer Republik: Die erste deutsche Republik (1918–1933), die nach dem Ersten Weltkrieg von Philipp Scheidemann ausgerufen wurde.

Weltwirtschaftskrise: 1929 brach nach dem Börsenkrach in New York weltweit die Wirtschaft zusammen. Es kam zu Bankenzusammenbrüchen, Preiszerfall, Geldentwertung und Massenarbeitslosigkeit.

Bildnachweis

ABC Press, Amsterdam 41, 76

Algemeen Nederlands Persbureau, Den Haag
213, 214, 219, 223, 228

Anne Frank Fonds/Anne Frank Haus,
Basel/Amsterdam 1, 2, 3, 4, 5, 6, 7, 8, 9, 10, 11,
12, 13, 108, 109, 110, 111, 112, 113, 114, 115, 116,
117, 118, 119, 120, 121, 122, 123, 124, 125, 165,
166, 167, 168, 169, 170, 172, 173, 206, 207, 208;
Umschlagfotos Vorder- und Rückseite

Archiv Gedenkstätten, Historische Sammlungen,
Landeswohlfahrtsverband Hessen 64

Luigi Baldelli/Transworld, Amsterdam 221

G. Barclay/Corbis Sygma/ABC Press,
Amsterdam 211

Bildarchiv Abraham Pisarek, Berlin 90, 91, 92, 93

Bildarchiv Ernst Klee, Frankfurt am Main 65

Bildarchiv Preußischer Kulturbesitz, Berlin 67

Charles Breijer/Nederlands Fotoarchief,
Rotterdam 145, 155, 195

Bundesarchiv, Koblenz 23, 53, 55, 56

C. Carrion/Corbis Sygma/ABC Press,
Amsterdam 212

Violette Cornelius/Nederlands Fotoarchief,
Rotterdam 162

Gert Eggenberger/EPA/Algemeen Nederlands
Persbureau, Den Haag 222

Jürgen Escher, Herford 184

Gemeentearchief Rotterdam 153, 196

Historisches Museum Frankfurt, Frankfurt am
Main 14, 15, 16, 18, 19, 21, 32, 34

David Hoffman, London 215

Historisch Topografische Atlas, Gemeentearchief
Amsterdam 104, 105, 106, 107, 137, 138, 179

Institut für Stadtgeschichte, Frankfurt am Main
36, 61, 72, 203

Joods Historisch Museum, Amsterdam 156

Geert van Kesteren/Hollandse Hoogte,
Amsterdam 210

Carl de Keyzer/Magnum/ABC Press, Amsterdam
217

KLM Aerocarto, Arnheim 171

Kölnisches Stadtmuseum, Köln 48

Ary W. G. Koppejan/Nederlands Fotoarchief,
Rotterdam 189

Marius Meijboom/Nederlands Fotoarchief,
Rotterdam 194

John Melskens, Amsterdam 209

Nederlands Instituut voor Oorlogsdocumentatie, Amsterdam 24, 26, 28, 29, 30, 31, 35, 39, 44, 70, 71, 77, 78, 82, 85, 89, 94, 98, 99, 126, 127, 128, 129, 130, 131, 132, 133, 139, 140, 141, 143, 144, 147, 149, 151, 152, 159, 160, 163, 164, 174, 175, 176, 177, 178, 180, 182, 183, 186, 188, 190, 191, 200, 201, 202, 204

A. Nussbaum, Amsterdam 154

Cas Oorthuys/Nederlands Fotoarchief, Rotterdam 158, 192

Polygoon/Algemeen Nederlands Persbureau, Den Haag 135, 146

Sacha/Transworld, Amsterdam 216

A. Serra/Corbis Sygma/ABC Press, Amsterdam 225

Hans Sibbelee/Nederlands Fotoarchief, Rotterdam 157

Steve Smith/Camera Press/ABC Press, Amsterdam 218

Spaarnestad Fotoarchief, Haarlem 45, 46, 66, 79, 80, 81, 84, 86, 101, 102, 150, 198

Chris Taylor/All Action/Sunshine International, Almere 227

Dieter Telemans/De Morgen, Brüssel 220

J. Ullal/Stern/ABC Press, Amsterdam 224

Ullstein Bilderdienst, Berlin 33, 97, 100

Ed van Wijk/Nederlands Fotoarchief, Rotterdam 161

Ad Windig/Maria Austria Instituut, Amsterdam 193, 197

George J. Wittenstein, Santa Barbara 75

Guido Wolf/Anne Frank Educational Trust UK, London 226

Yad Vashem, Jerusalem 49, 50

Der Verlag dankt allen Personen und Institutionen für die Genehmigung zum Abdruck von Bildmaterial, auf dem ein Urheberrecht ruht. Es wurde größtmögliche Sorgfalt darauf verwendet, für alles benutzte Material die Rechteinhaber zu ermitteln und zu nennen. Sollten dabei Fehler unterlaufen sein, bitten wir um Benachrichtigung.

Weitere Ravensburger Bücher zu diesem Thema

Alison Leslie Gold
**Erinnerungen an
Anne Frank**

ISBN 3-473-**58142-9**

Gudrun Pausewang
Reise im August

ISBN 3-473-**58040-6**

Uri Orlev
**Die Insel in der
Vogelstraße**

ISBN 3-473-**58075-9**

Isabella Leitner
Isabella

ISBN 3-473-**58093-7**

Gudrun Pausewang
**Adi – Jugend eines
Diktators**

ISBN 3-473-**58151-8**

Burkhard Schröder
Aussteiger

ISBN 3-473-**58175-5**

Ravensburger